最難對抗的就是你自己

如何控制自我、保持謙遜的26個心態管理法則

EGO IS THE ENEMY

THE FIGHT TO MASTER OUR GREATEST OPPONENT

Ryan Holiday 萊恩·霍利得——著 羅雅涵——譯

目錄

第二部　成功

第三部　失敗

不要相信那安慰你的人，是無憂無慮地生活在有時使你受益的、簡單且安靜的話語裡。他的生活有許多的辛苦與悲哀，遠遠不及你的生活。不然他絕對無法說出那些話。

——詩人里爾克（Rainer Maria Rilke）

令人痛苦的開場白

這不是一本關於我的書。但既然這本書的主題是「自我」（ego），我要先來談談一個如果說我沒有想過就太虛偽的問題。

我究竟有什麼資格寫這本書？

我的故事對於接下來要說的內容並不是特別重要，不過我還是在開頭這裡先簡述一下，提供一些來龍去脈。在苦短人生的每個階段，我都跟「自我」交過手：追逐夢想、成功、然後失敗，如此不斷反覆。

十九歲的時候我察覺到某些改變人生的契機來臨，所以我從大學休學。大師們爭取我的注意，並且將我作為他們的門生來提攜我。飛黃騰達指日可期，我覺得自己就是那個天選之人。成功來得很快。

後來我成為比佛利一家藝人經紀管理公司最年輕的主管，簽下並經營許多知名的搖滾樂團。我提供的一些出書點子催生了幾本百萬暢銷書，而且創造出屬於它們自己的文類。二十一歲左右，我當上當時風靡全球的流行品牌American Apparel的策略長，不久後轉任行銷總監。

二十五歲那年我出版了第一本書，封面是我大大的照片，甫上市就登上暢銷排行榜，也引來一些議論。有家製作公司想要買下我個人故事的版權拍成電視節目。接下來幾年，我步上的成功陷阱越來越多，不論是影響力、個人舞台、媒體報導、資源、財富，甚至是有些不好的名聲。後來我憑藉這些資產創立一家生意興隆的公司，與不少有名又有錢的客戶合作，也讓我受邀至重要會議和奢華場合發表演說。

隨著成功而來的誘惑是想要編造自己的故事、美化自己、否認自己是因為好運，為勝利添上神話的色彩。你知道的，就像海克力士抵抗命運的英雄偉蹟那樣的迷人敘事：睡在地板上、被父母拋棄、澆不息的雄心壯志。這種說故事的方式最終會讓你的才華變成你的身分認同，讓你的成就變成你的價值。

然而，這樣的故事根本不可信也沒有任何用處。就算現在重新再說一遍，我也省略了很多細節。為了看起來光彩耀眼，我刪去了其中的壓力和迷惑，也把意志消沉和所有犯過的錯誤都遺留在剪輯室裡。那些經歷是我寧願不要討論的片段，好比說我曾經被自己敬重的前輩當眾挫了銳氣，當下我大受打擊，後來還被送進急診室。那一天我因為恐懼和焦慮而失去勇氣，我走進老闆的辦公室告訴他我做不到，我要重回學校念書。我是認真的。名氣這種事本來就稍縱即逝，事實上它也真的很短暫（就一週）。後來我的簽書會只有一個人到場。我創辦的公司也垮了，必須捲土重來，而且重來兩次。這些還只是被我刻意刪掉的部分片段。

這個比較完整的描述仍然只是我整個人生的一小部分，但至少它觸及了更多重要的關鍵——至少是本書的要點：野心、成就、挫折與逆境。

我不相信有所謂「頓悟」這種事。一個人不會在某個瞬間就突然改變了。改變是很多片刻的累積。而在二〇一四那一年，有將近六個月的時間，這些改變接二連三發生。

首先是我做得有聲有色的American Apparel瀕臨破產，負債數億美元，形同一家空殼公司。它的創辦人，一位我從年輕時就深深仰慕的企業家，被他自己親自挑選的董事會成員不留情面地開除了，淪落到睡在友人家的沙發上。而讓我一戰成名的藝人經紀管理公司也好不到哪裡去，因為積欠客戶鉅額款項而被一狀告上法院。同時間我的一位職涯導師也時運不濟，我跟著被拖下水。

這些人都是我的人生榜樣，我崇拜他們，以他們為師。對我而言，他們財務完善、情緒穩定、心理健全是理所當然的事，這對我的存在和自我價值而言也是很重要的事。可是他們竟然一個接著一個在我眼前垮台了。

感覺像是風水輪流轉。我從一心想要成為像他們那樣的人物，到發現自己**從來**不想要像他們那樣，這樣的轉變和衝擊讓人措手不及。

我自己也免不了崩潰的命運。就在我快要撐不下去的時候，生活中長久以來被我忽視的問題也開始浮上檯面。

儘管有所成就，但我又回到了開始的城市，壓力大又過勞，把過去努力工作換來的自由往外推，因為我無法拒絕金錢的誘惑和危機就是轉機的刺激感。我深陷其中，只要一丁點不如意就會讓我怒氣爆發又難以釋懷。過去得心應手的工作現在都顯得吃力。我對自己和他人的信念全沒了，生活品質也跟著賠進去。

我記得有一次經過幾個星期的奔波之後回到家裡，我竟然因為無線網路壞掉就陷入嚴重的恐慌——**這些信寄不出去就慘了。這些信寄不出去就慘了。這些信寄不出去就慘了。這些信寄不出去就慘了**。

你以為自己在做應該做的事。這個社會也讓你得到了回報。但是接著你卻看到你未來的老婆走出家門離你而去，因為你已經不是過去的那個你。

怎麼會發生這種事？明明前一天你還覺得自己站在巨人的肩膀上，隔天卻要奮力爬出多重爆炸的殘磚破瓦，試著收拾眼前的一片狼藉？

然而，好處是這樣的狀況逼得我不得不面對自己是一個工作狂的事實。問題可不是「喔，他只是工作過度」，或者說「出去放鬆一下」這樣的程度而已，更像是「假如他不去看醫生和戒毒，很快就會去見閻羅王」。我領悟到讓我可以少年得志的衝勁和動力是有代價的，就跟其他許多人一樣。這無關乎工作量的多寡，而是工作在我的自我認同中扮演了太過重要的角色。我困在自己的腦袋裡，我是自己思想的囚徒。結果就是不斷重複的痛苦、挫折和沮喪，而我必須找出原因，除非我也想落到悲劇的下場。

為了研究和寫作，我研讀歷史與商業知識多年。就像任何與人相關的事情，只要觀察的時間夠長，就會開始出現一些普遍的問題。我一直對這些議題很感興趣，尤其是「自我」的問題。

我對「自我」及其影響並非全然陌生。事實上，在前述那些事件發生之前，我蒐集本書資料已經將近一年的時間。但是因為那段期間的痛苦經歷，我探究的這些概念突然變得前所未有的鮮明。

我明白「自我」的不良影響不只出現在我身上或歷史記載中，我的親友、客戶和同事全都難以倖免，他們有些人還是各自領域中的佼佼者。「自我」讓我崇敬的人們損失了數十億美元，就跟不斷推著石頭上山的薛西弗斯一樣，達到目標之後又滾回山底。而現在至少我親身經歷過那樣的險境。

在這樣的領悟之後幾個月，我在自己的右前臂上刺了EGO IS THE ENEMY（自我就是敵人）幾個字。我忘記從哪裡看到這些字句，大概是很久很久以前讀到的，結果它們很快就發揮了撫慰我心、指點迷津的效果。我在左前臂上也刺了THE OBSTACLE IS THE WAY（障礙就是道路），同樣出處不明。現在我每天都會看著這兩句話，以它們做為人生準則。不論游泳、沉思、寫作、洗完澡時我都會看到這兩句話，提醒我無論在任何情況下都要選擇正確的道路。

我寫這本書不是因為我領悟了什麼智慧而覺得自己有資格說教；這是一本我希望自己面臨人生重要轉捩點時可以看到的書——也就是當我和其他每個人一樣，必須回答生命中最困難的大哉問時：我想成為誰？我該走哪一條道路？（*Quod vitae sectabor iter.*）

由於這些問題具有永恆性與普世性，我試著向哲學與歷史借鏡，而不只是取材於個人的生活。

歷史上有許多充滿魄力、具有遠見的天才，他們用幾乎瘋狂的力量重塑自己想像中的世界，如果你深入探究的話，會發現歷史也是由那些時時刻刻都在跟自我對抗的人所創造，他們不求注目，儘管渴望受到肯定，卻置更崇高的目標於個人尋求認同的渴望之上。閱讀並重述這些故事，是我向大師學習的方式。

如同我其他的作品，本書深受斯多噶哲學的影響，師法偉大的思想家。寫作過程借重他們的智慧，我的整個人生也仰賴他們的指引。若讀者覺得有所受益，功勞歸於他們而非我。

古希臘演說家狄摩西尼（Demosthenes）曾經說過，美德始於理解，實現於勇氣。我們必須開始用新的方式看待自己與周遭世界，然後努力改變並維持這樣的改變。我不是要你把自我擊垮或粉碎得一滴不剩，那是不可能的。這些只是提醒，是鼓勵我們展現更美好動力的道德故事。

亞里斯多德在知名的《倫理學》中把人性比喻成一根彎曲的木頭。為了矯正彎木，熟練的木匠會從反向慢慢施壓，基本上就是把木頭扳正。當然經過數千年後，康德曾不屑地說：「從彎曲的人性中，根本就無法製造出筆直的東西。」或許我們真的永遠也直不了，但是至少我們可以努力變得**更直**。

覺得自己很特別、可以掌握自己的命運、保持樂觀向上很棒。然而那不是本書的目的。相反的，接下來這些內容是希望讓你讀完之後可以跟我寫完這本書一樣：把自己看得少一點。我希望你會減少訴說關於你自己有多好、多特別的故事，從而你將會更有餘裕去**實現**你原本想要改變世界的行動。

前言

首要原則是你不應該欺騙自己——但你是最容易被欺騙的人。

——諾貝爾物理獎得主理查・費曼（Richard Feynman）

或許你年紀輕輕又充滿野心。或許你正值青春年華在為生活辛苦奮鬥。或許你剛賺進了人生的第一桶金，談成了一筆大生意，獲選進入菁英行列，甚至是已經事業有成這輩子吃穿無虞。或許你驚訝地發現高處不勝寒，只有空虛和寂寞。或許你被賦予領導別人度過危機的任務。或許你剛被公司裁員。又或許你剛跌入人生低谷。

不管你現在身處何處，不論你在做什麼，你最大的敵人其實一直棲住在你心裡：就是你的自我。

「不是我，」你心想，「從來沒有人說我是自大狂。」你可能認為自己是一個不偏不倚的人。但是對於有野心、有能力、有幹勁、有夢想的人來說，自我是難免的。讓我們能夠成為思想家、實踐者、創作者、企業家的重要特質，讓我們可以攀上領悟巔峰的動力，恰恰也讓我們易於受到心理陰暗面的影響。

這本書要談的不是佛洛伊德所說的自我。佛洛伊德喜歡用類比的方法來解釋自我：我們的自我就像是一位馬車夫，馬兒則代表了潛意識的驅力，而自我試著要駕馭它。另一方面，現代心理學以「自我中心」（egoist）來指涉過度關注自己而漠視他人的人。這些定義都有其道理，可是在診斷之外的領域用處有限。

一般認知的「自我」，定義比較隨性：對於自己的重要性有不健康的信念；自以為是、自我中心。這也是本書會採用的定義。自我就像是存在每個人心中那個任性的小孩，覺得自己的事最重要。想要比別人更好、比別人更多、想要被認可，遠超過任何合理的程度，這就是自我。它是超越信心和能力範圍的優越感與確信。

當我們對自己和這個世界的看法變得過度膨脹，就會開始扭曲周遭的現實。足球教練比爾・沃爾希（Bill Walsh）解釋說：「自我就是自信變成了自大，堅定變成了固執，自傲變成了不顧後果的放縱。」作家西里爾・康諾利（Cyril Connolly）提醒：「自我就像是地心引力，會把人往下拉。」

就此而言，自我是阻礙你追求想要的東西、展現你才能的敵人。它有害於你磨練技藝、創造想法、與他人合作、建立忠誠與支持、維持長久、保持成就。它會削弱你的優勢和機會。它會為你招來敵人和錯誤。它會讓你進退兩難。

我們大多數人都不是自大狂，但是任何你想得到的問題和麻煩裡都有自我的蹤影：從為什麼我們無法成功到為什麼我們總是想要成功和不擇手段追求成功；從為什麼我們得不到自己想要的東西到為什麼得到之後又無法滿足。

然而我們常常不是這樣想的。我們認為問題出在別的地方（大多是別人的問題）。如同數千年前詩人盧克萊修（Lucretius）的名言，我們是「對自己的疾病成因無知的病人」。尤其是成功人士眼裡只看見自己的成就，卻看不見自我正在阻礙他們的行動。

無論我們有多少野心和目標，在追求夢想的過程中，自我都是我們的絆腳石。具有開創性的企業執行長哈羅德・傑寧（Harold Geneen）把自以為是的人拿來與酗酒的人相比：「自以為是的人不會步履蹣跚，把桌上的東西都撞倒。他也不會結結巴巴或語無倫次。但是他會越來越得意忘形，而且還渾然不覺問題所在，以為自大是力量和自信的展現。」你可以說他們毫無自知之明，沒有發現自己染上了什麼病，不曉得自己正在自取滅亡。

假如自我是一種聲音，告訴我們「你比真正的自己還要厲害」，那麼它就阻斷了我們與世界直接且真實的連結，讓我們無法真的成功。曾經有位無名戒酒會的成員說，自我「讓我們有意識地隔絕於一切之外」。

這樣的隔絕本身當然是不好的，一旦我們築起高牆就無法與他人合作。如果我們不理解外界和自己，就無法改變這個世界。如果我們對外面的資源不感興趣或沒有能力接受，就無法聽取和吸收回饋。如果我們劃地自限而沒有看清楚眼前的狀況，我們就無法辨識和創造機會。如果我們不知道自己**真正**的力量，我們展現的就不是自信而是幻想。如果我們連別人的需求都無法察覺（因為我們逐漸失去自己），又要如何影響人心、領導他人？

表演藝術家瑪瑞娜．阿布拉莫維奇（Marina Abramovic）直言說道：「一旦你開始相信自己很厲害，創造力就走到了末路。」

還有一件事會讓我們無法脫離自我：舒適圈。追求更好的成就經常是一段驚濤駭浪的過程，無論是運動、藝術或商業領域。而自我會減緩恐懼，撫慰我們的不安全感。它會以自我膨脹和自私自利取代心智的理性和知性面；當我們想聽什麼，它就會說出我們想聽的話。

但是這樣的短期效果往往會讓人付出長期的代價。

自我一直都在，只是現在越來越壯大

我們的文化比過去任何時候都更加助長自我的氣焰。現在的人比以往更容易自吹自擂和自抬身價。我們可以向網路上的百萬粉絲和追蹤者吹噓我們的目標，以前這是只有搖滾明星和邪教領袖會做的事。我們可以在推特上和自己的偶像互動，我們可以瀏覽很多書、網站和演講影片，得到前所未有的鼓勵和認可（有個應用程式專門提供這項服務）。我們可以自稱是某家只存在於紙上的公司的執行長。我們可以在社群媒體上發布重要訊息，看著不斷湧入的恭賀留言。我們可以在網路上發表個人言論，而過去這項資源都掌握在媒體手上。

這些行為有些人做得多、有些人做得少，只是程度的差別。

除了科技日新月異，我們還被灌輸一個信念：相信自己是獨一無二的。我們被教導要有大格局和大思維，要過著奢華的日子，要成名和勇於挑戰。我們認為成功需要遠景和偉大的計畫，畢竟知名企業創辦人或冠軍團隊都是這樣做的。（真的嗎？他們真的如此嗎？）媒體上經常可見敢於冒險又很酷的人以及成功人士，讓我們也渴望追求自己的成功，並且努力建立對的心態和對的姿態。

我們搞錯了因果關係。我們以為有成功的特質就代表成功本身。我們天真地混淆了原因和附帶產生的結果。

當然，自我有時候是有用處的。歷史上不少名人都是惡名昭彰的自大狂。但是因為自我而失敗的例子同樣多不勝數。事實上，失敗的例子比成功的多得多。可是我們的文化卻鼓勵我們去碰運氣，去冒險賭一把，就別管風險了。

你在哪裡，自我就在那裡

人的一生都會經歷三個階段。我們會渴望某種東西，想要有一番作為。我們會達成某些成就，可能很少，也可能很多。或者我們會失敗，不管是一時的或持續的。我們多數人都在這些階段中流轉：我們充滿雄心直到勝利在望，我們功成名就直到失敗或想要得到更多；而失敗之後我們會重新振作，或許會再度成功。

在這些過程中的每一步，自我都是你的敵人。整體來說，自我是建立成就、維持成果、從失敗中再站起來的敵人。當事情一帆風順時，這樣的阻礙或許沒有關係，可是當面臨改變或困難之際……

因此本書會分成三個部分：逐夢、成功、失敗。

這樣的安排目的在於：趁著積習未深之前，幫助你抑制自我的影響，從而當你站上成功舞台時，可以用謙遜和紀律取代自我的誘惑，並且培養實力與勇氣，以便當命運不順遂時不會被失敗給擊倒。簡言之，它會幫助我們：

- 在逐夢時抱持虛心
- 在成功時保持謙遜
- 在失敗時維持韌性

這並不表示你不是獨一無二的，無法在有限的生命中對社會做出美好的貢獻。這也不代表你無法推展創造性的邊界，去創新、感到被啟發，或者從事志向遠大的改變與改革。相反的，為了正確做到這些事和承擔這些風險，我們需要保持平衡。英國知名作家威廉．潘恩（William Penn）曾經說過：「建築物要經得起風吹雨打需要有好的地基。」

那麼，現在要怎麼做？

你握在手中的這本書是根據一個樂觀的假設所寫：你的自我並不是你總是要去討好和滿足的那個力量。它是可以被駕馭的。它是可以被導正的。

在本書中，我們將一探威廉．特庫姆賽．薛曼（William Tecumseh Sherman）、凱瑟琳．葛蘭姆（Katharine Graham）、傑基．羅賓森（Jackie Robinson）、愛蓮娜．羅斯福（Eleanor Roosevelt）、比爾．沃爾希（Bill Walsh）、班傑明．富蘭克林（Benjamin Franklin）、貝利撒留（Belisarius）、安格拉．梅克爾（Angela Merkel）、喬治．馬歇爾（George C. Marshall）等人的故事。他們各有各的成就，有人拯救了搖搖欲墜的企業、有人擅長兵法、有人破除棒球界種族隔閡、有人創新足球戰術、有人挺身反抗暴君、有人勇敢挑戰命運，如果他們因為自我而無法站穩根基又自我陶醉，還會有這樣的成就嗎？他們實事求是又懂得觀察理解——作家暨策略專家羅伯．葛林（Robert

Greene）曾說我們必須像蜘蛛結網一樣牢牢養成這樣的習慣——才能夠在藝術、寫作、設計、商業、行銷、領導等領域有傑出的表現。

書中提到的這些案例都是理智、謹慎、不屈不撓的人。他們當然並非完全沒有自我，只不過當自我作祟時，他們知道如何克制它、引導它、駕馭它。他們有所成就，但是保持謙遜。

等等，可是那個誰誰誰不是超級自我卻也很成功？賈伯斯（Steve Jobs）呢？肯伊・威斯特（Kanye West）又怎麼說？

我們可以用特例來合理化不好的行為。但是確實沒有人是因為妄想、自以為是或脫離現實而成功的。就算這些特質可以連結到某些知名人士身上，殊不知還有成癮、虐待（自己或他人）、憂鬱和躁鬱等症狀也會出現。事實上，研究這些案例時，我們可以看見他們努力克服這些衝動、失調和缺陷。唯有掙脫自我與束縛，才能展現最好的自己。

因此我們還會看到霍華德・休斯（Howard Hughes）、薛西斯一世（Persian king Xerxes）、約翰・德羅寧（John DeLorean）、亞歷山大大帝等人的故事，以及其他許多警世寓言，讓我們知道自我的賭注有多大。我們會看到他們付出慘痛代價和自毀前程所學到的寶貴教訓。我們會看到就連最成功的人士也經常會陷入自我與謙遜的拉鋸戰，以及所造成的後果。

拋開自我，我們就會看到真實。謙遜會取代自我，而且是堅定的謙遜與信心。自我是裝腔作勢的，而這樣的自信是實實在在的。自我是偷來的，自信是努力得來的。自我是自以為是的，它的自尊自重是假的。自信讓你做好準備，自我卻會對你進行情感操控。兩者的差異是，一個強而有力，一個卻是有毒的。

在接下來的篇章中你會讀到一個謙虛、被人看輕的軍事將領，因為抱持自信而成為美國南北戰爭時期的最佳戰士與戰略家。然而自我卻讓一位將士在同一場戰役之後不僅失去權勢，還落得窮困潦倒。自信也讓一位認真內斂的德國科學家成為獨樹一幟、致力於和平的領袖，而自我則讓二十世紀兩位天賦異稟的工程師如旋風般崛起又很快地一敗塗地、破產、陷入醜聞和失去理智。自信也讓美式足球聯盟史上最糟糕的球隊搖身進入超級盃冠軍賽，稱霸美式足球王朝。同時也有無數教練、政客、企業家、作家克服重重困難之後，卻因為自我而將得來不易的成就拱手讓人。

有些人學會謙卑。有些人選擇自我。有些人準備好應付變化無常的命運，不論好壞。有些人則否。你會怎麼選擇？你想成為哪一種人？

你之所以打開這本書，是因為你知道你終究需要回答這個問題，不論有意識或無意識的。

好了，我們來回答這個問題。讓我們開始吧。

第一部

逐夢

我們蓄勢待發。我們有個目標，有個使命，一個全新的開始。每一場偉大的旅程都是從這裡開始——可是我們多數人都未曾到達我們想要的目的地。而罪魁禍首通常就是自我。我們用奇幻的故事包裝自己，我們假裝一切都在自己的掌控中，我們將自己的星星燃燒得燦爛耀眼，最後卻只是成為泡影，而且我們根本不知道為什麼會這樣。這些都是自我的症狀，而解藥則是謙卑和現實。

不論你想要追求什麼，自我都是你的敵人……

據說他是一個膽大無畏的外科醫生，就連替自己人動手術時手都不會顫抖；他往往同樣勇於卸下自欺欺人的神祕面紗，因為那樣的面紗會讓他無法看清自己行為的醜陋和錯誤。

——亞當・斯密（Adam Smith）

約莫西元前三七四年，雅典最知名的教育家和雄辯家伊索克拉底（Isocrates）寫了一封信給一位名叫迪摩尼庫斯（Demonicus）的年輕人。迪摩尼庫斯剛經歷喪父，而伊索克拉底是他父親的老友，他希望給後輩一些忠告，告訴他如何以父親為榜樣。信中建言從實務方法到道德教誨都有，而且是以伊索克拉底所謂「珍貴的箴言」形式呈現。他說這些內容是「未來幾年的行事準則」。

就跟我們多數人一樣，迪摩尼庫斯胸懷大志，這也是為什麼伊索克拉底要寫信給他，因為野心很容易招致危險。信件一開頭伊索克拉底就勸誡年輕人，「無需矯飾，要謙虛、公正和自制；所有人都同意，這些美德正是克己者的特質。要練習自我控制，」他叮囑年輕人不要被「情緒、愉悅和痛苦」給影響和控制了。「要避免阿諛奉承和欺瞞蒙蔽的人，他們會傷害相信他們的人。」

他希望迪摩尼庫斯要「友善待人，切勿傲慢；驕傲者的自大連奴隸都難以忍受」，「保持深思熟慮，但是做事要有決心」，而且「對自己最好的事就是能夠有好的判斷」。持續鍛鍊才智，伊索克拉底告訴年輕人，「在這個最渺小的世界上，最偉大的事情就是在人類的身體裡有一顆健全的心智。」

這些勸誡有的聽起來很熟悉。兩千年後的莎士比亞亦受其影響，他經常警告人們自我的危害。事實上，莎翁名劇《哈姆雷特》就曾借鏡這封信，把伊索克拉底的話語透過劇中角色波洛尼厄斯（Polonius）給兒子萊阿提斯（Laertes）的忠告加以重現。如果你讀過就會知道這些話語以韻文的方式呈現：

最重要的是：忠於你自己。
黑夜終究追隨著白日，你也必須如此遵行不渝。
這樣你便不會欺騙任何人。
再會吧。但願我的祝福讓你知進退！

巧的是莎士比亞的這些話語也傳到了一位名叫威廉・特庫姆賽・薛曼的美國軍官耳裡，他後來成為美國最偉大的將軍和戰略家。他可能從來沒聽過伊索克拉底，但是他鍾愛莎翁的劇作而且經常引用這段文字。

跟迪摩尼庫斯一樣，薛曼年紀輕輕就喪父，同樣受到一位有智慧的長輩庇蔭，當時即將成為美國參議員的湯瑪斯・艾文（Thomas Ewing）收留他，艾文是薛曼父親的朋友，將他視如親身骨肉般撫養長大。

雖然有父執輩的關係，但是沒有人預料到他日後會立下豐功偉業，至少沒人想得到他竟然會拒絕美國總統的大位。薛曼不像拿破崙那樣突然崛起，然後很快又隕落，而是慢慢地一步一步往上爬。

他早年接受西點軍校的教育，接著就從軍。剛進軍中服役那幾年，他幾乎騎馬橫跨了整個美國，在每個派駐點學習磨練。美國內戰開打之後，他前往東方自願參戰，不久就被派去支援牛奔河之役（Battle of Bull Run），但是聯邦軍在這一戰損失慘重。由於急缺領導將士，薛曼獲提拔成為准將，而且被召喚與林肯總統和最高軍事將領們會面。在幾次會議中，薛曼與總統暢談戰略與計畫，不過在這次旅程最後，他提出一個奇特的要求：除非他不用擔任最高指揮參謀，他才願意接受這次的升職。林肯願意承諾這個要求嗎？他欣然同意，畢竟其他將領都在盡可能爭取更多權力和更高的權位。

此時此刻，薛曼認為當第二號人物比較自在。他相當明白自己的能力到哪裡，他認為這樣的角色最適合他。想想看，一個有野心的人拒絕擔任要職的機會，因為他想要真的做好準備再承擔。難道這很奇怪和荒唐嗎？

不過薛曼並非總是如此自制和規律。內戰初期，他奉命防禦軍備不足的肯塔基州，暴躁和自我懷疑引來惡果。他咆哮怒罵支援不夠，鑽牛角尖，偏執妄想敵軍的行動，甚至對幾位記者失言而引發軒然大波。在後續的爭議中，他的指揮權暫時被收回。後來他休息了幾個星期才平靜下來。他逐漸看好的軍旅生涯差點毀於一旦。

受一次挫折，學一次教訓，之後薛曼漸漸打出名號。舉例來說，在圍攻唐納爾遜堡（Fort Donelson）[1]期間，事實上薛曼拔擢了格蘭特（Ulysses S. Grant）。不同於林肯旗下其他將領爭權奪位，薛曼放棄高位選擇支持格蘭特，而非發號施令。他給了格蘭特一船補給，附上紙條表示：看你的表現了，需要我幫什麼忙儘管開口。他們一起

1 譯注：南北戰爭時期最重要的戰役發生地之一。北軍占領南軍要塞唐納爾遜堡，成為進軍南方的重要通道。經過這場戰役，原先默默無聞的格蘭特因領軍有功而地位提升。

打贏了聯邦軍最重要的戰役之一。

累積勝利後，薛曼開始主張知名的「向海洋進軍」作戰計畫，這個大膽的計畫不是出於什麼創意天才，而是根據他年輕時曾在荒涼的前哨基地勘查地貌的知識。

行事謹慎的薛曼後來變得益發充滿自信。不同於其他很多野心勃勃的人，薛曼的觀點和見解是靠一步步的努力得來的。他主張避免傳統的對戰，從查塔努加（Chattanooga）推進亞特蘭大（Atlanta），再往沿海地帶前進，開出一條進路。任何研讀軍事歷史的學生都看得出來，相較於自我導向，由目的驅動的行動將會得到完全不同的結果。

他的務實作風讓他看見別人認為不可能的一條前進南方的作戰路線。他的機動作戰理論則是強調刻意避免正面攻擊或以對陣的方式展現軍力，而且忽略那些目的在挑釁的各種批評。他絲毫不在意別人怎麼說，專注於自己的計畫。

隨著戰爭結束，薛曼成了風雲人物，可是他不謀求高位，也無意從政，只想善盡職責後功成身退。他沒有被成功的光彩榮耀動搖，反而致信好友格蘭特告誡道：「保持平常心，勿忘初衷，榮華如夏日和風轉瞬即逝。」

一位替薛曼作傳的記者以下面這段話精闢地概述了薛曼的為人與不凡成就。這也是為什麼他可以做為我們追逐夢想階段的典範。

成功的領導者有兩種：一種是天生具有自信；一種則是靠著實際成就慢慢建立自信。後者的成功是不斷地驚喜，成功的果實也更加甜美，但他們保持戒慎恐懼，懷疑一切是否只是一場夢。真正謙虛的人才會這樣質疑自己，不是虛假不真誠的自嘲自貶，而是希臘式的「適度的」謙遜。是自信，而非裝腔作勢。

你必須自問：「如果你對自己的信念不是建立在真實的成就，那麼是根據什麼？」當我們剛開始追逐夢想時，答案經常是「**沒有**」。只有自我。這也是為什麼我們經常可以看到大起大落的例子。

所以你想當哪一種人？

就和我們所有人一樣，薛曼必須在天賦、抱負、力量之間取得平衡，尤其是年輕的時候。他能夠戰勝這樣的內在衝突，正是為何他得以掌握終將降臨的、改變人生的成就。

或許聽起來很奇怪。儘管伊索克拉底和莎士比亞都希望世人能夠自立自足、自我激勵，而且根據原則行事，但是我們大多數人所受的教育卻反其道而行。我們的文化價值想要使我們依賴他人的認同、爭取權力，受制於個人情緒。對這一代人來說，父母和師長都強調要建立個人的**自尊**。從而我們的精神導師和公眾人物幾乎都把目標放在激勵、鼓舞和確保我們可以做任何我們決心要做的事。

事實上，這麼做只會讓人變得脆弱。沒錯，你是一個充滿天賦的奇蹟男孩，或者妳是前途光明的女孩。人們覺得你理當有大好的未來。所以你進入名校，你籌措到創業基金，你成功獲得錄用和升遷，有各式各樣的大好機會等著你。但是套用歐文·柏林（Irving Berlin）的話：「天賦不過就是起跑點而已。」問題在於你能否發揮才能？還是你會成為自己最大的敵人？你的火光會不會才剛點燃就熄滅了？

我們看到薛曼是一個腳踏實地的人。他從無到有，達到偉大的成就，卻從不覺得自己應得這樣的榮耀。他經常聽取他人的意見，就算會減損自身的功績或名聲，他也樂於以團隊合作為先。遺憾的是美國年輕人都聽過以失敗作收的皮克特衝鋒（Pickett's Charge）[2]，然而薛曼做為一個謙虛卻乏味的現實主義者卻被世人遺忘，

2 譯注：南北戰爭期間，南方邦聯軍所發動的一次步兵攻擊，徒勞無功又造成自家軍隊慘重傷亡。

甚至遭到毀謗。

或許有人會說，懂得評估自己的能力是最重要的技能。缺乏這樣的能力就不可能會進步。而「自我」也是讓人無法向前的絆腳石。只看自己的天賦和優勢當然比較讓人愉快，但是那會讓我們走向何方？自大和自滿讓人無法成長；空想和「幻想」亦然。

在追逐夢想的階段，你必須練習保持距離看待自己，訓練自己不要落入自我陶醉。保持超然（detachment）是一種克服自我的解藥。人很容易對自己正在做的事一頭熱。任何人和自戀者都一樣。天賦、技藝，甚至信心都不罕見，真正罕見的是謙虛、勤勉和自覺。

任何事情要具有真理就必須來自事實。如果你不希望只是曇花一現，就必須把眼光放遠。而且除了要大膽想，更需要從細微處著手，才能達成想要的目標。由於我們以**行動**和**教育**為導向，不執著於認同和地位，所以我們的抱負不是華而不實，而是持續實現的過程——一步一步向前，學習和成長，投入時間。

我們的敵人野心勃勃、激情又只顧自己、自我推銷，卻沒發現他們置自己的努力（更不用說理智）於險境。我們將要挑戰自信英才的迷思，因為他們不知質疑與內省；我們也要挑戰為了藝術必須犧牲和受苦受難的迷思。這兩者都與現實和他人脫節，而我們需要與它們保持連結、時時覺察並從它們學習。

邱吉爾說過，事實比夢想更偉大。

每個人都有偉大的願景，但是我們知道通往成功的道路不盡相同。跟隨薛曼和伊索克拉底，我們理解到「自我」是這趟旅程中的敵人，從而當我們真的達成目標之際，它才無法扯我們的後腿，而是讓我們變得更強壯。

說，說，說，說個不停

知者不言，言者不知。

——老子

一九四三年，作家暨社會運動人士厄普頓・辛克萊（Upton Sinclair）競選加州州長，在這場知名的選戰中他出了一個奇招。他在選舉前夕出版了一本名為《我是加州州長，我如何終結貧窮》（*I, Governor of California and How I Ended Poverty*）的小書，書中以過去式的敘述論及他當選州長之後施行的各項傑出政策……只不過當時他根本還沒有當選。

這是一場非傳統選戰的一個非典型招數，想要利用辛克萊的最佳優勢——身為作家，他知道自己可以用其他人做不到的方式和大眾溝通交流。他當選的機會不大，書出之際他們的選情也不見好轉。然而觀察者很快注意到這件事帶來的效果，影響所及不是選民，而是辛克萊本身。眼見朋友的情勢每況愈下，凱瑞．麥克威廉斯（Carey McWilliams）後來寫道：「厄普頓不只明白自己會戰敗，而且看來似乎也對選戰失去興致。在他生動的想像中，他已經體驗過『我是加州州長』的生活……那又何必大費周章在真實生活中實現呢？」

儘管書籍熱賣，但是辛克萊落選了。他以二十五萬票的差距慘敗，票數落差超過十個百分點；他在或許是第一場現代選戰中慘遭滅頂。問題很明顯：他的言論走得比選戰還要前面，而他卻無心把兩者連結起來。大多數政客不會寫這樣的書，可是他們同樣操之過急。

每個人都很容易落入這樣的情況：話說得很多很滿，卻沒有實際的行動。臉書預設的狀態欄是「在想些什麼？」（What's on your mind?）、推特發文很容易，還有Tumblr、LinkedIn、電子郵件、手機、網路文章評論區。

各式各樣大大的空白欄要你發表意見、提供照片和故事。它們要你說說「你打算要做什麼」，事情「應該是或可以是如何」，以及你希望事情怎麼發展。現代科技要求你、刺激你、慫恿你發言。

社群媒體上的這些表現幾乎都是正向的，而且舉世皆然。我們看到的多半是：「一切進展順利。看看我有多棒。」很少人會說實話：「我嚇死了。我正在苦苦掙扎。我不知道該怎麼辦。」

在展開任何行動之初，我們往往都是興奮又緊張。因此我們會向外尋求慰藉，而非向內。每個人都有脆弱之處，儘管不是出於惡意，但是到頭來我們都會想要用最少的力氣爭取最多的公眾信譽和關注。這樣的人性面就是「自我」。

部落客暨作家艾蜜莉．古爾德（Emily Gould）就像是漢娜．赫法斯（Hannah Horvath）[3]的真人版，在她掙扎寫出一部小說的兩年間深刻體會了這一點。儘管酬勞高達六位數，但是她卻卡關了，而原因就是她忙著「花很多時間上網」。

事實上我根本不記得自己在二〇一〇年做了什麼。我忙著更新部落格，忙著寫推文，忙著瀏覽網頁。做這些事沒辦法賺錢，可是感覺像是在工作。我用各種方式合理化自己的習慣。我在打造個人品牌。經營部落格也是一種創意行動，就

3 譯注：美國電視影集《女孩我最大》（Girls）的主人翁，是一個充滿理想抱負的作家。

算策劃主題轉載別人的文章也勉強算是一種創作。那也是我唯一的創作。

換句話說，她其實跟很多惴惴不安或被工作壓得喘不過氣的人一樣：做了很多事情，但就是無法專注。整整一年的時間，她原本應該要寫的小說完全沒有進展。談論寫作，或是從事一些和藝術創作或文學相關的有趣活動，遠比實際投入行動來得容易。近來有人出版了一本書叫做《努力寫小說中》（*Working On My Novel*），書中收錄了許多顯然沒在努力寫小說的作家們在社群媒體的貼文。

寫作跟許多創造性行動一樣都不容易。坐在那裡，雙眼凝視，生自己的氣；因為內容看起來不夠好所以生氣，而且你自己看起來也不夠好。事實上，我們付出的很多有價值的努力都很辛苦也很困難，無論是創辦事業或精通技藝。然而，用說的總是很簡單。

我們似乎認為不說話就代表軟弱。被忽略了就表示沒戲唱了（自我確實是這樣想的）。所以我們的嘴巴說個不停，好像不說話就無法生存下去。

實際上，沉默是一種力量，尤其是在任何行動過程的早期階段。哲學家齊克果（碰巧他也討厭報紙和各種喋喋不休）曾經告誡世人：「只說閒話就談不了正經事，把還在想的事情說出來就會削弱行動。」

光說不練是很危險的事。每個人都可以談論自己。就連小孩也知道怎麼閒聊瞎扯。多數人都會說大話。但是最難的是什麼？不說話。能夠刻意讓自己不要加入對話，無需透過話語來證明自己。沉默是暫時放下信心和力量。

前面提到的薛曼將軍奉行一個原則：「除非必要，絕不對自己的想法和行為找理由。因為說不定一段時間之後，你的腦袋裡會出現更好的理由。」棒球與美式足球雙棲好手博・傑克遜（Bo Jackson）下定決心要在效力奧本大學（Auburn University）期間完成兩件事：一是贏得海斯曼獎（Heisman Trophy）[4]；二是爭取國家美式足球聯盟（National Football League）的選秀。你知道他把這些目標告訴誰嗎？除了他女友，沒有人知道。

當其他人喋喋不休時，不說話的好處不僅在於具有策略彈性。它也有心理優勢。詩人海希奧德（Hesiod）曾說：「謹慎的舌頭是一個人最大的寶藏。」

話語會消耗我們。說和做都在爭取同樣的資源。研究顯示，雖然將目標視覺化很

4 譯注：一年一度頒發給美國大學美式足球傑出球員的知名獎項。

重要，但是過了某個點，我們的心智會開始混淆目標和真正的進程。用語言表述目標也是同樣道理。當我們努力解決困難問題時，大聲跟自己說話會明顯降低洞察力和突破性進展。花了那麼多時間在思考、解釋和討論一項工作，我們會以為已經快要達成目標了。或者更糟糕的是，當事情變得困難時，我們會覺得自己已經努力嘗試過，所以可以將它拋在一旁，儘管根本不是這麼一回事。

工作越困難，結果的不確定性越高，光說不練的代價也會越高，甚至會讓人逃避真正的責任。它會削弱我們克服史蒂芬．帕斯費爾德（Steven Pressfield）所謂「心阻」（Resistance）的能量，也就是橫亙在我們與創造性表現之間的阻礙。成功需要百分之百的努力，而話語會在我們可以發揮之前就掠去部分的努力。

許多人無法抵抗這樣的誘惑，尤其當我們覺得不知所措、充滿壓力，或者有很多事情要做的時候。在發展的階段，阻礙會讓人不安，而說話（聽自己說話，為觀眾表演）則像是療癒。「我花了四個小時談這件事，難道沒有什麼用處嗎！」答案是：沒有。

做大事是一段奮鬥的過程。它會讓人耗費心神、灰心洩氣、害怕恐懼——並非總是如此，但是當我們深陷其中時往往會有這種感覺。我們用話語來填滿空虛失落和不確定感。馬龍白蘭度（Marlon Brando）是一個真正不多話的演員，他曾表示：「空虛對大多數人而言很嚇人。」彷彿我們會被沉默攻擊或要與之對抗，尤其假如我們已經讓自我給蒙蔽多年。這樣很危險，原因在於：偉大的成就和藝術來自克服空虛，面對它而非臣服於它，才能將它驅離。問題是，面對挑戰時，無論是研究新的領域、開創事業、拍電影、尋覓良師益友、提出重要的主張，你是光說不練，還是會正面迎戰？

想想看：所謂的「世代之聲」不會說自己是世代之聲。實際上，仔細想想你會發現這些聲音說得都不多。它們可能是一首歌、一篇演說、一本書——篇幅很少，但所蘊含的內容很精華且影響深遠。

他們在角落靜靜發揮作用。他們把內心的混亂化為作品，最終又回歸平靜。他們在行動前不加理會爭取認同的衝動。他們不多言。他們也不在乎那些站上舞台或出風頭的人是否得到更多利益。（他們沒有。）他們忙著做其他事。他們在真正收穫時才會說。

成就和話語無關，只會互相扼殺。

當你在實驗室做實驗、上健身房鍛鍊或努力找工作時，就讓其他人去互相取暖安慰。把嘴巴閉上，生命的力量會從嘴裡流失。看看會發生什麼事。看看你會有多少進步。

做人，還是做事？

在發展時期，靈魂沒有被與世界的鬥爭所污染。它像是一塊純潔無瑕的帕里安大理石，等著被塑造成——什麼模樣？

——《成功》雜誌創辦人奧里森．馬登（Orison Swett Marden）

約翰．博伊德（John Boyd）是現代戰爭史上最具影響力的戰略家和軍事行動者，但是多數人可能都不知道這號人物。

博伊德是一名優秀的戰鬥機飛行員，也是出色的思想家與導師。參與韓戰之後，他就任內利斯空軍基地（Nellis Air Force Base）精銳的戰鬥機武器學校的首席技術教官。他有個外號叫「四十秒博伊德」，因為他可以在四十秒以內從任何位置擊退敵機。幾年之後，他悄悄被召入五角大廈為國效力，在這個崗位上他真的開始大展身手。

就某種意義上來看，一般人沒聽過博伊德並不意外。他從未發表任何著作，只寫過一篇學術論文。他只留下少數一些影帶畫面，媒體對他也鮮少報導。儘管他盡忠職守三十年，軍階卻只及上校。

另一方面，他的理論改革了幾乎各地軍隊的機動作戰（maneuver warfare）策略，除了他那個年代，後來世代同樣加以沿用。而徹底改變現代軍用航空器的 F-15、F-16 戰機也是他的構想和規畫。身為顧問的他發揮主要影響力，透過他所教授的傳奇的作戰指示，指導了同世代幾乎每位主要的軍事思想家。藉由與美國國防部長一系列的會談，而非透過公開或官方計畫，他催生了「沙漠之盾行動」（Operation Desert Shield）的作戰計畫。他指導、保護、教授和鼓勵門生，而這些弟子正是他推動改變的媒介。

然而沒有任何軍事基地或軍艦以他的名字來命名。他退役後像是被遺忘了，領了退休俸，住在小小的公寓裡。而且他顯然敵人比朋友多。

他不走尋常路，難道是刻意這樣做的嗎？假如這樣能讓他的影響力更加深遠呢？這會有多瘋狂？

事實上，博伊德只是依照他給每個充滿前途的年輕學徒的教誨在過生活，他知道這些年輕人具有無限可能，他們可以與眾不同。他所教導的許多後起之秀可能原本就像你我一樣平凡。

我們可以從博伊德在一九七三年對一位他提攜的後進所說的話清楚看見這一點。他認為眼前是這位年輕軍人的轉捩點，於是便找他前來會談。就跟許多高成就者一樣，這個士兵感到不安且很容易被動搖。他想要晉升，也想要有好的表現。他像是一片可以被吹往任何地方的樹葉，而博伊德看得出來。那一天年輕人聽了博伊德不厭其煩訴說的教誨，後來這些話語成為這個世代具有改革能力的軍事領袖的傳統和人生標竿。

「孩子，有一天你會走到人生的叉路口，」博伊德告訴年輕人。「你必須決定要走哪一條路。」他伸手比劃，指向兩個方向。「如果你走那條路，你可以追求名位（be somebody）。你必須妥協，你必須放棄朋友。但是你會成為人上人，你會升官晉級，你會被分派到更好的任務。」接著他停頓片刻，說明另一個選擇。「或者你可以走另一條路，做些有益的事（do something），不論是為國家、為空軍，或者為你自己。假如你決定做好事，你可能沒辦法升官、擔任重要職務，而且你當然不會獲得長官青睞。可是你不用妥協。你可以真誠面對朋友和自己。你的努力可能會帶來改變。

你要追求名位，還是做對的事呢？人生常常要面對這樣的選擇。」

最後博伊德以一句指引許多年輕人及其同袍一生的話語作結：「做人，還是做事？你會走哪一條路？」

不管我們想要做什麼，現實很快會打斷年輕時的理想主義。這樣的現實會以各種名義和形式出現：誘因、承諾、認同、權謀。在每一種情況中，它們會很快將我們從做正確的事導向追求名利。從真實導向偽裝。在這樣的詭計中，每一步「自我」都參了一腳。這正是為什麼博伊德希望年輕人能看清楚，假如不小心，我們很容易發現自己被想要追求的職志給腐蝕了。

你要怎麼避免走錯路呢？我們確實經常會愛上成功看起來的樣子。在博伊德的世界，肩章上的星星數、派任的性質或派駐地點，很容易會讓人誤以為是真正的成就。對一般人來說，則是用職銜、讀哪一所商學院、有多少助理、停車位被安排在哪裡、得到多少認同、當領導人的機會、薪水高低、粉絲人數多寡等等來衡量。

外表可以偽裝。有權威也不代表真的是權威。有權利也不代表做什麼都是對的。職位高昇不必然代表你做得很好，也不見得名實相符（在官僚體系裡這叫做「向上失敗」）。**讓人印象深刻完全不同於令人刮目相看。**

你要與哪一種人為伍？你會選擇哪一邊？現在正是我們的抉擇時刻。

博伊德還有其他方式。在拜訪空軍士兵或演說時，他會在黑板上寫下幾個大字：責任、榮譽、國家。接著他會劃掉這些字，用另外三個字取代：驕傲、權力、貪婪。他的重點是，很多軍事系統和體制會腐化了它們原先要服膺的重要價值，而這些系統和體制正是士兵們前進的指引。歷史學家威爾・杜蘭（Will Durant）曾說，一個國家因自制而生，因享樂而亡。那正是博伊德所要說的可悲的事實，也就是美德會如何淪為敗德。

在我們短短的生命中經常會上演這樣的情況，不論是我們真心在乎的運動、關係、計畫或人。這都是自我搞的鬼。它會把重要的事劃掉，用無關緊要的事取而代之。

很多人想要改變這個世界，這樣的抱負很好。你想要在自己的領域中傑出卓越。沒有人希望自己只是虛有其表。但實務上，博伊德寫在黑板上的哪三個字可以讓你達成目標？你正在實踐哪一個？你的動力是什麼？

博伊德擺在我們面前的選擇是有其目的。你的目標是什麼？你打算做什麼？你的目標有助你回答「做人，還是做事」的問題。如果真正重要的是你，你的名聲、你的認同、你的生活品質，那麼你的道路很清楚：說人們想聽的話。追求注目更甚於完成重要但無聲的工作。接受升遷，跟著你所選擇的領域中優秀人才的腳步。做自己不喜歡的事，照本宣科，投入時間，不求改變。選擇名利，選擇薪水，選擇頭銜，然後享受它們的到來。

政治家弗雷德里克・道格拉斯（Frederick Douglass）曾說：「一個人會忙於他所做的事。」他知道。他曾經身為奴隸，他知道這件事對相關的人所造成的影響，包括奴隸主本身。他恢復自由之身後，見證許多人在職場與生活中所做的選擇會造成同樣的影響。你花時間做什麼，你為了賺錢做了什麼，都會回到你身上。而博伊德知道，以自我為中心的道路需要很多的妥協。

如果你的目標是比自己更大的事，想達成某件事或向自己證明什麼，那麼突然間事情會變得比較簡單，卻也更加困難。簡單的是，你知道你需要做什麼，以及對你來說重要的是什麼，所以其他「選項」都可以擺一旁，因為它們一點都不是真正的選擇。它們只是讓人分心的事。重要的是做事，而非爭取認同。你不需要妥協。而困難則在於，每當機會來臨時，無論利益多大或多誘人，你都必須根據嚴格的原則做衡量：這有助我做我原本想要做的事嗎？這能夠讓我做我需要做的事嗎？我是自私，還是無私？

在這樣的過程中，重要的不是「我想成為什麼樣的人」，而是「我想要做什麼樣的事」。放下自私的利益，問問自己：做這件事有什麼目的？我的選擇原則是什麼？我想要跟每個人都一樣，還是做些不一樣的事？

換句話說，困難的原因在於，每件事都可以視為一種妥協。

雖然從來不嫌晚，但你越早問自己這些問題越好。

繼兵法家孫子和克勞塞維茲（Carl Von Clausewitz）之後，毫無疑問博伊德以前無古人的方式改變和改善了他的工作領域。有人叫他成吉思約翰（Genghis John），因為他從未讓任何敵人或困難阻礙他需要做的事。但是他的選擇並不是沒有代價的。生活簡樸的他又被稱為「貧民上校」。他過世時抽屜裡滿是軍事承包商給的未兌現的過期支票，他認為那是賄賂。他的軍階沒有晉升並不是因為他做了什麼；他的升遷一直被擱置。他做的事成為一種懲罰，讓他被歷史遺忘。

下次當你開始覺得自己理應享有特權，或是當你追求名望和美國大夢時，請想想這一點。想想你會怎麼看待一個像是這樣的偉人。

當你面臨以下抉擇時：這是我「需要」的嗎？是自我在作祟嗎？你準備好做出正

確的決定嗎？或者榮耀還在遠方閃爍嗎？請想想這一點。

做人，還是做事？人生就是持續不斷地清點選項和做出選擇。

當一個學習者

不要讓亡魂回來說我的所學讓我失望了。

——紐約市消防局訓練學校的標語

一九八〇年代初期，四月的某一天，一名吉他手的惡夢卻成為了另一名吉他手的美夢。地下樂團「金屬製品」（Metallica）的成員在預定的錄音活動之前，聚集在紐約一間年久失修的倉庫裡，他們告知樂團的吉他手戴夫．馬斯泰恩（Dave Mustaine）說他已經被開除。他們沒有說太多，給了他一張回舊金山的車票。

同一天，「出埃及樂團」（Exodus）吉他手柯克．哈米特（Kirk Hammett）獲邀加入「金屬製品」，他是一個斯文而且才二十出頭的年輕人。幾天之後，哈米特與樂團成員首度搭檔演出，從此展開全新的生涯。

旁人會認為這是哈米特夢寐以求的時刻。事實上，確實如此。雖然「金屬製品」當時只有小圈子的人聽過，但是這個樂團注定會成功。他們的樂風挑戰鞭擊金屬樂（thrash metal）[5]的極限，已經開始吸引崇拜目光。在短短幾年內，他們成為世界最受歡迎的樂團之一，唱片大賣超過上億張。

大約也是在這個時候，哈米特心裡有個顯然是謙遜的體認——儘管彈奏吉他多年，也成了「金屬製品」的吉他手，但是他其實沒有自己想成為的那麼好。他在自己的居住地舊金山尋找吉他老師。換句話說，雖然加入了他的夢幻團隊，也稱得上是職業好手，但是哈米特認為自己需要更多指導，他還需要學習。他找到一位被尊為老師的老師，且是曾與像是音樂奇才史提芬・范（Steve Vai）合作過的大師。

這位大師是喬・沙翠亞尼（Joe Satriani），後來成為史上最厲害的吉他手之一，獨特又精湛的音樂作品銷售破千萬張。沙翠亞尼在柏克萊一家樂器行教學，他的彈奏風格讓他成為哈米特與眾不同的選擇。那正是關鍵所在，哈米特想要學習他所不知道的，並且讓自己的基本功更加紮實，如此一來他才能繼續探索他現在有機會去追求的

5　譯注：又稱激流金屬，是重金屬音樂的分支，結合快速鼓節拍、硬核（Hardcore）、龐克、重磅和複雜的吉他風格。

這個新音樂類型。

沙翠亞尼明白指出哈米特的不足之處，而問題當然不是在能力。「他最大的問題……是他走進那扇門的時候，已經是一個很棒的吉他手。他是主奏吉他手……他已經會速彈。他的右手很靈活，對大部分和弦都得心應手，他只是沒學過如何融會貫通，把每件事串在一起。」

這並不表示他們的上課時間是什麼好玩的學習。事實上，沙翠亞尼解釋說，哈米特跟其他人不一樣的地方在於，他願意忍受別人不願意忍受的指導方式。「他是一個好學生。他很多朋友和同輩都會大肆抱怨我是一個嚴厲的老師。」

沙翠亞尼自有一套教學系統：每週上課一次，教過的內容必須好好練習，如果不好好學就是浪費每個人的時間，那就不用再來了。所以接下來的兩年時間，哈米特遵照沙翠亞尼的要求，每週上課都會在技巧和音樂理論上獲得客觀的回饋、評論和訓練，他很快將能在數千人、數萬人，甚至理論上是數百萬人的面前派上用場。兩年的學習告一段落之後，哈米特還是會把要和樂團一起演奏的樂句帶去和沙翠亞尼討論，學習減少直覺增加感覺，鍛鍊用更少的音符來呈現更多的能力，專注於感受這些音符和相應的表現。每一次的練習，他增進的不只是一個演奏者的能力，還是一個藝術家的能力。

當一個學習者的力量不只在於能夠持續接受指導，還可以把自我和野心交付到別人手中。就像是一種「自我」的天花板：一個人知道他不會比自己的學習對象「老師」更好。還差得遠了。所以你遵從老師的指導，你把自己納入對方之下。你不能作假或呼弄他們。教育不是駭客入侵，除了每天練習沒有其他捷徑。如果你不這麼做，他們就會開除你。

我們都不喜歡覺得自己不如人，或是覺得我們還有很多東西沒有學習。我們想要做好準備。我們汲汲營營，而且負荷超載。也因為這樣，要調降你對自己的評價，承認自己的不足，是最困難的事——但是這往往是精熟技藝的要件。假裝知道是我們最危險的缺點，因為它會阻礙我們變得更好。而解藥正是學習自我評估。

不管你是否喜歡重金屬音樂，總之哈米特後來成為全球數一數二的金屬樂吉他手，將原本只屬於地下樂團的鞭擊金屬樂發揚成為一種欣欣向榮的全球音樂類型。除此之外，從那些教學中，沙翠亞尼也鍛鍊了自己的技巧，更上一層樓。學生和老師都叱吒音樂舞台，改寫了音樂史。

曾經奪下許多冠軍的綜合格鬥先鋒法蘭克・森洛克（Frank Shamrock）也有一套

訓練選手的方法，他稱之為：加、減、相等。他表示，格鬥士要變得更強大：需要向比他更好的人學習，也要懂得教導不如他的人，還要有勢均力敵的對手可以互相挑戰切磋。

森洛克這個公式的目的很簡單：從每個角度取得關於自己知道什麼和不知道什麼的真實且持續的回饋。這麼做會排除自我膨脹，也會排除讓我們陷入自我懷疑的恐懼，以及讓我們不想努力的怠惰。森洛克指出：「對自己的錯誤信念會毀了你。對我來說，我總是當一個學生。這也是武術的意義，你必須把人性當做一種工具。把自己置於你信任的人之下。」首先你要接受別人知道的比你多這個事實，你可以得益於他們的知識，然後追尋他們，卸下你對於自己的幻覺。

不只格鬥或音樂領域的人需要保持學生的心態。科學家必須知道科學的重要原則，以及最新的研究發現。哲學家必須像蘇格拉底一樣有深刻的理解，但也明白自己所知有限。作家必須熟悉作品，多方閱讀並經得起當代人的批評。歷史學家必須博通古今，同時有自己的專長。專業運動員有教練團隊輔助，就連權力在握的政客也有顧問和導師。

為什麼呢？因為要變得傑出和維持優勢，他們必須知其所由來、理解現在的狀況，也明白接下來會如何。他們必須將所學領域的基本知識和延伸發展內化，但是不能僵化或囿於時間。他們必須時時刻刻學習。我們都必須成為我們自己的老師、指導者和評論者。

想想哈米特大可以怎麼做——如果我們突然成為一個搖滾巨星，或者即將成為我們所選擇的領域的明星。我們忍不住會心想：我做到了，我成功了。他們換掉另一個傢伙是因為他沒有我厲害。他們看上我是因為我具備成功的條件。倘若哈米特真的這樣想，我們可能從來不會聽過他或他們樂團的名號。畢竟那個年代有很多金屬樂團被遺忘了。

真正的學習者就像一塊海綿。他會不斷吸收周圍的資訊，加以過濾，然後抓住他可以抓住的。他會自我批判、自我激勵，總是試著增進自己的理解，這樣他才能繼續往下一個主題或下一個挑戰邁進。一個真正的學習者也是他自己的老師和評論者。沒有自我可以搗亂的空間。

再以格鬥選手為例，他們的自覺尤其重要，因為對手會不斷加強力道攻擊他們的弱點。如果選手沒有每天學習和練習，如果他沒有持續找出需要改善的領域，檢視自己的缺陷，從同儕和對手身上學習新的技巧，那麼他很快就會被打敗。

對我們其他人來說也是如此。我們不都也是在努力對抗和爭取什麼？難道你認為你是唯一一個想要達成目標的人？你絕不可能相信你是唯一一個努力實現目標的人。

謙遜有助於追求卓越這件事往往讓人意外。**你是說他們不積極、不覺得自己有資格、不知道自己的偉大之處或命運**？不，他們不是，儘管他們充滿自信，但是當個終身學習者可以讓他們保持謙遜。

「一個人無法學習他認為他已經知道的東西。」古羅馬哲學家愛比克泰德（Epictetus）這樣表示。**如果你認為你已經知道了，你就不可能學到任何東西。**如果你過於自負或自以為是而不知提問，你就無法找到答案。如果你認為自己已經是最好的，你就無法變得更好。

接受他人的意見是人生很重要的一項技藝，尤其是刺耳和批評的意見。我們不只需要接受別人的批評，還要積極尋求這樣的意見，努力找出負面評價，特別是當我們的家人朋友和我們的腦袋瓜都說我們很棒的時候。然而，自我會不惜一切代價避免這樣的意見。誰會想要重新接受磨練？自我認為它已經知道我們是誰以及我們該怎麼做——它認為我們是特別的、完美的、具有天賦的，而且是真正的創新者。它不喜歡聽見事實，它只聽它自己的意見。

自我也不允許我們適當地思考。要成為我們最終希望成為的人，往往需要沉寂很長一段時間，需要坐下來思考解決一些問題與矛盾。而謙遜會讓我們保持耐性，知道自己所知有限，必須持續學習。自我則會讓人急著向前衝，認為失敗者才需要耐性（誤以為那是一種弱點），覺得自己已經好到足以在這個世界上大展身手。

當我們坐下來校對稿子，當我們第一次介紹自己的創意，當我們準備開第一家店，當我們看著彩排現場的觀眾——每當這些時候，自我都是我們的敵人，它會給我們很正向的回饋，它會讓我們與現實脫節。它充滿了防衛性，尤其當我們無法承受被批評時。它會告訴我們毋需改進，從而讓我們無法進步。然後我們會覺得很奇怪，為什麼我們無法得到我們想要的結果、為什麼別人比較好、為什麼他們的成功更加長遠。

現在的書比過去都便宜。到處都有免費課程。拜科技之賜，找老師指導也很容易。所以我們沒有理由不學習，而且由於資訊浩瀚無邊，我們也沒有藉口停止學習。

我們生命中的老師不只有那些付費教學的，就像沙米特付錢拜沙翠亞尼為師。學習也不一定要有固定場域，就像森洛克有訓練的道場。許多最好的老師是免費的。他們是自願主動的，因為他們就像你一樣曾經年輕過，也曾經擁有跟你一樣的目標。他們很多人甚至不知道自己為人師——他們只是提供了一個榜樣，甚或是在書上或文章裡留下經驗教訓的歷史人物。可是自我會讓我們很頑固，對他人的意見充滿敵意，把這些意見推開或讓我們根本聽不到。

這就是為什麼俗諺說：「當學生準備好了，老師才會出現。」

不要追隨你的激情

你似乎想要擁有激發年輕人去追求、去表現、去超越的那種靈魂生活。你放心好了，沒有需要考量的想望和痛苦，你永遠不可能如此。

——切斯特菲爾德伯爵（Lord Chesterfield）

熱情，大家都說要有熱情。找到你的熱情所在。用熱情過生活。用熱情感動這個世界。

人們跑去參加火人祭（Burning Man）[6]尋找熱情、被熱情包圍，以及重新喚起熱情。還有TED演講、各種科技與藝術嘉年華，或是其他千百種活動、靈修和高峰

6 譯注：一年一度在美國內華達州的黑石沙漠（Black Rock Desert）舉辦的藝術祭典，參與者得自己準備在沙漠生活一週的必需品，好度過極端的沙漠氣候。

會議，所有這些都是被他們所說的「生命最重要的力量」所驅動。

然而，他們沒有告訴你的是：或許正是你的熱情阻礙了你的控制力、影響力或成就。其實我們常常因為熱情而失敗。

在美國前第一夫人愛蓮娜·羅斯福（Anna Eleanor Roosevelt）非凡的政治生涯早期階段，一位訪客曾經談到她對某一項社會立法「充滿熱情的興趣」。對方認為這是對愛蓮娜的一種讚譽。但是愛蓮娜做出回覆說明。「沒錯，」她確實支持這項法案的目的：「不過我不認為『熱情』這個詞適合我。」

生於維多利亞式的美德餘燼未滅的年代[7]，身為一個上流社會、有才藝又勤奮堅忍的女性，愛蓮娜有的不只是熱情。她有目標。她有方向。她受理性驅動，而非熱情。

另一方面，喬治·布希（George W. Bush）、迪克·錢尼（Dick Cheney）、唐納德·倫斯斐（Donald Rumsfeld）則是熱衷於伊拉克的事務。克里斯多福·麥肯迪尼斯（Christopher McCandless）懷抱著滿滿的熱情「走入荒野」[8]。羅伯特·法爾肯·史

7 譯注：維多利亞女王時代的女性地位遠較今日低下，沒有選舉權、財產權和訴訟權利。

8 譯注：一位美國浪人，帶著少量食物和裝備徒步進入阿拉斯加荒野隱居，約五個月後在附近國家公園被發現死於飢餓。

考特（Robert Falcon Scott）同樣以無比的激情出發北極圈探險，卻因為「極度狂熱」（Pole mania）的不良作用而喪命（一九九六年聖母峰世紀山難的眾多登山客也是如此，他們短暫陷入現在心理學家所謂的「目標定向」[9]（goalodicy）。賽格威（Segway）電動滑板車的投資人和發明者也相信自己手上握著的是劃時代的新發明，他們傾注一切大肆宣傳。毫無疑問這些才華洋溢的聰明人都是對自己想要做的事充滿熱情的信徒。但顯然他們並沒有做好準備，也沒有理解周遭的人真正關心的事和反對的意見。

無數的創業者、作家、主廚、企業主、政客、設計師都有相同的問題，你沒有聽過他們的名號，以後也不會聽到，因為他們的船在離港之前就已經沉了。就像所有半吊子，他們只有熱情，缺乏其他東西。

要先釐清的是，我說的熱情並不是「關心在乎」。我說的是一種不同的熱情：無限投入、願意傾注所有熱忱抓住並利用眼前的事物，以及「積極又充滿能力」，那是我們的老師和大師們所說的最重要的資產。那是燃燒不盡的渴望，想要追求或達成渺

9 譯注：意思是雖然種種客觀證據顯示某個目標不可能達成，但仍然不放棄追求該目標。

茫、遙遠、志向遠大的目標。這樣看似無害的動機實則傷害並遠離了正確的方向。切記，說一個人是「狂熱分子」，只是「瘋子」比較好聽的說法。

有個年輕的籃球選手名叫路易斯・阿辛多（Lewis Alcindor Jr.），他在加州大學洛杉磯分校的教練約翰・伍登（John Wooden）的領導下，贏得三次全國冠軍。阿辛多用一個詞形容這位名師的風格：冷靜沉著（dispassionate）。意思是他不走激情那一派。伍登不會說什麼激勵人心的演說。他認為過度的情緒是一種負擔。他的人生哲學是自制，做好你應該做的事，不要淪為「激情的奴隸」。從教練身上學到這一點的阿辛多，後來改了一個你們應該都聽過的名字：卡里姆・阿布都・賈霸（Kareem Abdul-Jabbar）。

沒有人會說愛蓮娜・羅斯福、約翰・伍登，或是沉靜寡言的賈霸冷漠無情。可是也不會說他們是狂熱或激情的人。愛蓮娜・羅斯福是美國歷史上最具影響力的女性運動者，毫無疑問也是最重要的第一夫人，她以優雅和從容著稱，也很清楚自己的方向。而約翰・伍登在十二年內拿下十項冠軍，其中七次是連續七年，他發展出一套致勝法，並且和他的球員們一起實踐。他們都不是受激情所驅使，也不會不斷地行動。相反的，他們花了多年時間才成為他們為人所熟知的形象。這是一個持續累積的過程。

在我們努力追求目標的過程中難免會碰上複雜的難題，而且情況往往是我們以前從未面臨過的。機會並非經常是深不可測的湖水，需要你大膽跳入水裡，相反的它們是混沌未明、障礙重重的阻力。在這些時候，真正需要的是思路清晰、小心謹慎，以及具有方法的決斷力。

但是我們經常會這麼做：

腦子裡突然冒出一個想法：我想要做最厲害、最棒的______。當最年輕的______。唯一做到______的人。我想要「最快又最好的」。

建議是：好的，你要做的事情是，一步一步完成它。

事實是：我們只聽自己想要聽的。我們做自己想要做的，儘管又忙又努力工作，但是達成的事情很少。更糟糕的是，發現自己身陷從來沒有預料到的混亂中。

由於我們只聽到成功人士滿懷熱忱，卻忘了水能載舟亦能覆舟。我們沒有料想到這樣的結果，直到我們檢視他們走過的路。以賽格威電動滑板車為例，發明者和投資人都錯誤假設會有比實際更多的需求量。伊拉克的軍事情勢升高，主戰派忽略了反對聲浪和負面意見，因為這些主張和他們深信的觀點相左。麥肯迪尼斯因為年輕氣盛又天真，加上缺乏充分準備，他的荒野冒險才會變成「《阿拉斯加之死》」（Into the Wild）[10]。遠赴北極的史考特則是因為過度自信和熱血，沒有考慮到真正的危險才會失敗。充滿愛國熱情的拿破崙率領大軍進攻俄羅斯，最後卻狼狽帶著殘兵敗將無功而返。我們在很多類似的案例中都看到同樣的錯誤：過度投資或投資不足，在做好準備之前就採取行動，應該細心謹慎卻粗心大意——與其說是惡意，倒不如說是被激情沖昏頭。

激情通常是為了掩飾弱點。它讓人沒有時間思考、讓人草率行動、讓人情緒失控，這些表現是紀律、熟練、力量、目標和毅力的糟糕替代品。你必須能夠在自己和別人身上看出這一點，因為儘管熱情的源頭可能是真誠的和美好的，但它的影響是可笑的，甚至是殘酷的。

那些可以詳細告訴你他們想要成為什麼、他們可以達成什麼樣的成功的人，往往都是熱情洋溢的人——他們甚至可以具體告訴你他們什麼時候會做到，甚至還會正當且真心地描述伴隨成功而來的各種壓力。他們會告訴你他們想要做的所有事情，甚至

10 譯注：改編自他們離群索居故事的作品。

已經開始做了，但是他們無法展現任何進展。因為可能根本沒有進展。

怎麼會有人忙忙碌碌做了很多事，卻什麼事都沒做到呢？這就是熱情的弔詭之處。

如果「失去理智」的定義是不斷重複做同一件事，卻期望有不同的結果，那麼熱情也算是一種心智障礙（mental retardation）——它會蓄意削弱我們最重要的認知功能。回頭看經常會發現浪費了很多時間，我們人生的最好時光就像柏油路上滾動的輪胎一樣被燒毀了。

狗兒總是充滿熱情，追逐松鼠、鳥兒，咬紙箱、咬毛毯、咬玩具，但你看得出來多數時候牠們只是一時興起。狗兒有個優勢是：牠們的短期記憶不長，讓牠們不會覺得自己一事無成。另一方面，生而為人的事實讓我們沒有理由要受幻想左右。事實終究是無法掩蓋的。

在追求夢想的路上，我們需要的是目標和務實。你可以說目標就像是一種有界限的熱情。而務實是保持客觀和有自己的想法。

當我們年輕時，或者當我們的目標剛發軔時，我們覺得熱血沸騰，覺得慢慢來是不對的；熱情就像賀爾蒙一樣，越年輕分泌越旺盛。這只是因為我們沒有耐性。我們沒辦法看出耗盡自己或誇大自己並不會加速這段旅程。

熱情是針對什麼事情（我熱愛＿＿＿＿）。目標則是身體力行（我必須做＿＿＿＿。我的職責是＿＿＿＿。為了達成目標，我願意忍受＿＿＿＿。事實上，目標強調的不是「我」，而是追求自我以外的東西，不是為了滿足自己。

除了目標，我們還需要務實。要從哪裡開始呢？我們要先做什麼？我們現在應該要做什麼？我們怎麼知道現在做的這件事會讓我們往前邁進？我們又要以什麼為衡量標準呢？

「激情是一種無可救藥的病。」大文豪歌德曾經這樣說。這也是為什麼思慮周全、目標明確的人是以不同的方式運作，不會被激情給控制和動搖。他們訴諸專業，利用專業。他們提出問題，想知道哪裡可能出錯，他們尋求範例。他們為可能的意外做好準備。然後他們出發去追求。他們通常從一小步、一小步開始，完成之後會尋求意見回饋，看看下一步可以怎樣做得更好。他們懂得停利，會以更好的狀態再出發，利用得到的東西加倍成長而非精於計算。

相較於發表宣言、突然頓悟、飛越大老遠去給某個人驚喜，或是在大半夜文思泉湧寫出四千字的長信，組建、調整、然後改善的作法是不是很無趣？當然是。是不是也比因為相信自己而投入全部身家、用光信用卡的借貸額度還更枯燥無味？沒錯。試算表、會議、出差、打電話、軟體、設備工具、公司系統，以及介紹如何運用這些方法的教學文章和名人的例行公事都很無聊。熱情是形式更甚於行動。而目標則是行動，行動，行動。

你想要做的最重要任務需要你深思熟慮。不是激情。不是天真。

如果前方的目標讓你戒慎恐懼，那就更好了——站在偉大的目標前面會讓人感到謙遜，決定不管如何都要堅持下去。把激情留給半吊子的人。做你覺得你必須做的事，說你覺得你必須說的話，而不是去做或說你想要和希望的那些。記住前法國外交部長德塔列朗（Talleyrand）告誡外交官的話：「最重要的是，不要過於激情。」如此一來，你才能做大事。然後你就不會再是過去那個立意良善但成效不彰的自己。

遵守「畫布策略」（Canvas Strategy）[11]

偉大的人總是願意服從，然後再證明他們也能夠指揮。

——馬洪公爵（Lord Mahon）

在古羅馬時期的藝術和科學體系中，有個情況是我們現在少見的。當時成功的商人、政治家或是有錢的紈綺子弟會資助一些作家、思想家、藝術家和表演者。這些創作者不只是拿錢創造藝術作品，他們也會執行很多任務以交換保護、食物和禮物。其中有一個角色叫 *anteambulo*，意思是「開道的人」。不論是前往羅馬何處，開道的人都會走在他的資助者前面，替他騰出空間、溝通訊息，大體上來說就是讓資助者可以更

11 譯注：意思是，當你發現別人要畫油畫，就找塊畫布讓他畫。你做的是提供支持，但最終往往也對自己有益。

輕鬆一點。

著名的諷刺詩人馬提亞爾（Martial）曾經擔任開道者多年，他曾服侍過斯多噶哲學家兼政治顧問塞內卡（Lucius Annaeus Seneca）的富商手足梅拉（Mela）。沒有富裕的出身，馬提亞爾亦曾效力於另一位商人佩提留斯（Petilius）。身為一個年輕作家，馬提亞爾大半時間都在替有錢的資助者提供服務，以換取微薄的收入和恩惠。

問題在於，就跟我們大部分人還是實習生或小職員時一樣（或者之後成為出版商、老闆或客戶），這份工作的每分每秒都讓馬提亞爾非常討厭。他似乎認為這個體制讓他變成了奴隸。他想要過得像鄉紳地主，像他服務的那些資助者一樣，他想要有錢和屬於自己的地產。他夢想著這樣一來就能夠安心且獨立地創作。也因為如此，他的作品經常帶有對羅馬上層社會的怨恨和憤怒，他覺得自己被殘酷地放逐了。

馬提亞爾生氣卻又無能為力，但是他沒有察覺到的是，正是因為他身為一個外部人的獨特地位，讓他對於羅馬文化具有如此吸引人的觀點，而且能夠流傳至今。相較於為這個體系所苦，假如他可以接受它又會如何呢？要是他能夠善用這樣的機會呢？沒有。可惜這樣的憤怒似乎從內而外吞噬了他。

這是一種超越世代和各個社會的常見心態。忿忿不平又不被重視的天才在追求成功的路上被迫做著他們不喜歡做的事，為他們看不起的人效力。**他們竟然要我這樣卑躬屈膝！太不公平了！太不值得了！**

近來我們常聽到實習生因為薪資問題而一狀把雇主告上法院。我們也看到不少孩子寧願待在家靠父母也不願意在職場上低就。我們看到他們沒辦法以自己的條件去配合他人，也不願意「退一步是為了前進好幾步」。**我不會讓他們給騙了。我寧願兩敗俱傷。**

我們值得來探討一下為他人「效力」時所謂的受屈辱。事實上，歷史上有些最偉大的藝術是由「學徒制」所創造出來的，從米開朗基羅、達文西到班傑明・富蘭克林，無一例外；而且如果你想要成為你認為你可以成為的大人物，難道這不是一個相對微不足道的暫時性強迫學習？

當我們得到一份工作或剛進入新的職場，通常會聽到這樣的建議：「讓別人有面子，你就會好過。保持低調，老闆說了算。」這些話自然不會是那些打敗其他人才得到這個位置的人想要聽的。那也不是一個哈佛畢業生會聽得進去的，畢竟他們努力獲得學位就是為了避免這樣的屈辱。

讓我們換個看起來沒那麼貶低人的方式來說：那不是指拍馬屁。也不是指讓別人有面子。而是提供支持，讓別人可以做得更好。更貼切的說法是：找塊畫布讓別人可以在上面作畫。當一個開路的人。為地位高於你的人理出一條路，最終你也為自己開創了一條路。

當你剛起步的時候，有幾項基本事實很明確：一、你沒有你自己以為的那麼重要或厲害；二、你有一種需要重新調整的心態；三、你以為你知道的事、你在書上或學校學到的事，多半都已經過時，要不就是錯的。

有一個很好的方式來理解這個機制：將自己附屬於某個已經成功的人或組織之下，將你的認同納入他們的認同，雙方一起前進。當然追求自己的榮耀會更加迷人，但往往沒有那麼有效。服從是前進的道路。

抱持這種心態的另一個效果是：在生涯的重要時刻可以減少你的自我，讓你可以吸收各種事情，不會有阻擋視野和進步的障礙。

沒有人喜歡阿諛奉承。相反的，這是由內觀察發生了什麼事，為別人而非為自己尋找機會。想想那些開路的人——為打算去某處的人找到方向，幫助他們收拾行囊，讓他們能夠專注於他們的強項。事實上，就是讓事情變得更好，而非只是讓你看起來更好。

許多人都知道班傑明・富蘭克林曾以「賽倫斯・杜古德」（Silence Dogood，意思是：沉默做好事）的化名投稿。世人認為他是一個聰明的年輕天才，卻忽略了最令人印象深刻的地方：他寫好稿子之後，把信件塞入印刷所的門縫底下，他沒有因為這些文章而受到任何讚揚，直到多年以後才被發現。事實上，是他身為報社老闆的哥哥因此獲利，他的投稿大受歡迎，不時被刊登在頭版。富蘭克林其實是放長線釣大魚：學習公眾輿論怎麼運作、讓大眾意識到他的信念、磨練寫作風格、文筆和機智。這是他在生涯中經常採用的策略，他還曾經為了破壞競爭對手而投書敵對報社。他明白讓別人有面子、讓他們因為你的點子而受到讚賞，會為自己帶來持續的益處。

比爾・貝利奇克（Bill Belichick）是新英格蘭愛國者隊的總教練，四度贏得超級盃冠軍的他能在國家美式足球聯盟裡飛黃騰達，是因為他熱愛且精通當時足球教練們都不喜歡的一項差事：影片分析。他在專業美式足球領域的第一份工作，是擔任巴爾的摩小馬隊的志工，當時他分文未取。他以獨到的見解為球隊提供賽事資訊和策略，而且他把功勞全都歸給資深教練。他從別人認為的苦差事中磨練成長，他自願接受而且埋頭苦幹，在別人認為他們是大材小用而不願意做的工作上努力做到最好。有位教練曾經說道：「他就像一塊海綿，照單全收，什麼意見都聽。」還有另一位教練說：

「你指派一項工作給他，他會消失在房裡直到做完才出來，然後他會要求再給他多一點工作。」想當然爾，沒多久他就開始有薪水領了。

貝利奇克高中時就已經是足球員，他對球賽瞭若指掌，打球時甚至還身兼助理教練。他父親是海軍學校的助理足球教練，給他上了足球界很重要的一課：假如他要給教練一些意見或提出問題，他必須私下且低調地進行，這樣才不會冒犯他的上司。他學會如何成為一個崛起的新星，但是不會威脅或疏離任何人。換句話說，他擅長「畫布策略」。

我們可以看得出來權利和優越感（自我的陷阱）很容易就會讓這兩位能者無法達到後來的成就。如果富蘭克林把名聲看得比創意表現還要重要，他的文章就不會被刊登；事實上，當事情揭露後，他哥哥出於氣憤和妒忌真的毆打了他。而如果貝利奇克惹怒教練，或當眾讓教練難堪，他早就被晾在冷板凳。如果他在乎地位，就不會無償接下第一份工作，也不會坐上數千個小時觀看影片。偉大來自不起眼的開始；它是從枯燥乏味的工作開始。這表示你是屋裡最不重要的人，直到你用結果加以改變。

俗話說：「說少做多。」（Say little, do much.）我們應該做的是，在我們的早期策略中，更新和應用這種說法。「把自己放在更次要的位置，替別人做更多的事。」

（Be lesser, do more.）想想看，對於遇到的每個人，你是否都能想到幫助他們的方法，或者可以為他們做的事？你看待這件事的方式要完全有利於他們，而非你自己。隨著時間累積而來的效果很深遠：你會學到很多解決不同問題的方法。你會讓別人覺得你不可或缺。你會建立許多新的關係。將來你會有一個巨大的恩惠銀行可以運用。

這就是「畫布策略」——幫助別人就是幫助自己。齊心努力，用短期的滿足交換長期的回報。每個人都想要得到「榮譽」和被「尊敬」，而你可以忘記榮譽。你可以徹底忘記榮譽，而且真心樂於看到別人得到榮譽，畢竟那確實就是你的目的。因為你是為了未來的大事在累積經驗。讓別人以他們的榮譽為榮，而你則根據這項策略延遲收穫利益。

這項策略最難的地方在於心態。像馬提亞爾那樣忿忿不平反而比較容易。想到要屈於人下就讓人生氣。鄙視那些比你更有錢、更有經驗或更有地位的人。告訴自己沒有花在做自己的事、提升自己的每一秒鐘，都是在浪費自己的才能。堅持**我才不會像這樣貶低自己**。

一旦我們能夠對抗上述這樣的情緒和自我衝動，「畫布策略」就會更易執行。這樣的組建、調整、改善是無止盡的。

- 或許是想出一個好點子交給老闆。
- 找到有志之士、有想法的人、後起之秀相互交流。交換意見創造新的火花。
- 找到沒有人願意做的事，由你親自去做。
- 找出低效能、浪費和多餘的地方。抓漏和填補，讓資源可以用在新的領域。
- 產出比別人更多的點子，然後把你的點子送出去。

換言之，發掘機會以增進創造力，尋找可以合作的人和路徑，然後排除會阻礙你進步和專注的事物。這是一個有益且最終會擴展力量的策略。把每個人都視為是各種關係和你個人發展中的一項投資。

你可以隨時運用「畫布策略」。它沒有使用期限，也沒有年齡限制，不分老少。你可以在任何時候開始——在你有工作之前，在你被錄取後而忙於工作之前，在你開始一項新事業時，或者當你發現自己在公司裡孤立無援的時候，都可以加以運用。你甚至會發現沒有理由停止這麼做，哪怕你已經畢業朝自己的計畫前進。讓它變成自然而然又持續的習慣；當你忙著將它運用在地位比你高的人身上，也讓別人將它運用在你身上。

假如你學會這樣的方法，你會明白「自我」讓大部分人無法體認到：開路的人最終會控制前進的方向，就像是畫布呈現繪畫一樣。

控制你自己

我注意到那些達至偉大成果的人總是「攻克己身」（keep under the body）；他們從來不會過於激動或失控，而是冷靜、沉著、忍耐、舉止有禮。

——美國政治家暨教育家布克．托利弗．華盛頓（Booker T. Washington）

認識血氣方剛時期的傑基．羅賓森（Jackie Robinson）的人，大概都沒有料想到有一天他會成為第一位登上美國職棒大聯盟的黑人球員。並不是說他沒有天賦，也不是棒球界的膚色隔閡最終被打破是什麼不可思議的事，而是因為羅賓森過去並不是克制和沉著的人。

青少年時期的羅賓森和一票狐群狗黨玩在一起，他們經常惹上當地警察。他在專科學校時，有一次野餐時因為同學說了侮辱的話就與對方大打出手。在一場籃球比賽中，他出其不意用力把球扔向一名犯規的白人球員，害得對方頭破血流。他也不只一次因為覺得執法不公就和警察起衝突，然後被逮捕。

羅賓森進入加州大學洛杉磯分校就讀前，有一次差點跟羞辱他友人的白人打起來，那晚他被關進看守所，甚至還有警方拿槍抵著他。據說他曾經煽動群眾抗議種族主義，他也親手斷送了自己在胡德營（Camp Hood）的軍旅生涯——一九四四年，一名公車司機無視「禁止種族隔離」的規定，強迫羅賓森坐到公車後排。他和司機爭吵，事後又跟長官直接起衝突，他引起了一連串事件，最後鬧上軍事法庭。儘管後來他被無罪釋放，可是沒多久就被迫退役。

他的這些行為是可以理解的，也是一種人性；或許也是正確且應該做的事。他為什麼要讓別人這樣對待他？沒有人應該忍受這樣的歧視。

只不過有時候他們確實會忍耐。因為有時候目標重要到我們願意忍受所有事情，只為了達成目標。

後來當時布魯克林道奇隊的經理兼老闆布蘭奇・瑞基（Branch Rickey）相中羅賓森，認為他有潛力成為史上第一位黑人棒球員，而瑞基只有一個問題：你有這個膽量嗎？他對羅賓森說：「我正在尋找一個有勇氣**不**還擊的球員。」事實上，在兩人著名的會面中，瑞基預演了羅賓森接受他的挑戰之後可能會經歷的各種無禮對待：旅館人員拒絕給他房間、餐廳服務生很不客氣、對手口出惡言。但羅賓森保證說自己已經準備好應付這些了。

球員何其多，布蘭奇・瑞基可以有很多選擇。但是他需要的是一個不會被「自我」蒙蔽，而能夠把眼光放得更遠的人。

當羅賓森開始加入棒球界，接著進入職業棒球時，他面臨的可不只是服務生的輕視或球員不願意和他說話。他遭遇的是一場更具組織性的攻擊行動，誹謗、喝倒采、挑釁、排擠、批評、傷害，甚至差點要他的命。在職業生涯中，他曾被投手丟球打中超過七十二次，他的阿基里斯跟腱也被其他球員的釘鞋踢傷，更不用說被誤判出局和非自願停賽。儘管如此，羅賓森遵守自己跟布蘭奇・瑞基的口頭約定，從來沒有脾氣失控，不論他有多麼理直氣壯。事實上，在大聯盟的九年期間，他從未出拳打過其他球員。

對我們來說，運動員似乎都被保護過頭且脾氣火爆，但是我們對當時大聯盟的情況一無所知。一九五六年，棒球史上最令人尊崇的球星之一泰德・威廉斯（Ted Williams）被抓到朝球迷吐口水。結果身為白人球員的他不僅沒遭到懲戒，之後還對記者說：「我問心無愧。我沒有做錯，而且如果那個人今天再噓我，我還是會朝他吐口水……沒有人能阻止我這麼做。」這樣的行為對一個黑人球員來說簡直難以想像，更是短視得無法理解。羅賓森沒有這樣的自由，要是他這麼做不僅會斷送職棒生涯，也會讓他為這個世代的偉大嘗試走回頭路。

為了達成目標，羅賓森必須將「自我」擺一旁，以及某種程度上把他對於身為人的公平和正義感先放下。在他的棒球生涯早期，費城人隊的經理班．查普曼（Ben Chapman）尤其喜歡在比賽期間嘲諷他。他經常朝羅賓森叫囂：「小黑仔，他們在叢林裡等你唷。」「黑鬼，我們可不想要你在這裡礙眼。」而羅賓森不但沒有回嘴，一個月後還同意跟查普曼拍照以示友好，幫查普曼保住飯碗。不過他後來表示，他其實很想「抓住那些白人混蛋，用他們討厭的黑人拳頭打碎他們的牙齒。」

想起跟這樣一個混蛋搭肩拍照，即使過了六十年，羅賓森還是覺得很反感。他說那是他這輩子做過最困難的事，而他願意這麼做是因為那是更遠大計畫的一部分。他知道有人想要激怒他，想要毀了他。但是他明白自己想要在棒球界做什麼和得到什麼，所以他知道自己必須忍受。他大可以不用這麼做，但是他做到了。

無論我們想要追求什麼，我們的人生道路某種程度上也是由我們願意忍受多少這些狗屁倒灶所定義。相較於羅賓森所受的屈辱，我們的委屈是小巫見大巫，但是同樣不容易。保持自制是很難的一件事。

拳擊手巴斯・拉頓（Bas Rutten）在上場比賽前，有時候會在兩手的手心上寫下字母R——代表荷蘭文*rusting*，有「放輕鬆」的意思。在競技場上，生氣、情緒化、失控是敗北的因素。正如美國作家約翰・史坦貝克（John Steinbeck）曾致信他的編輯寫道：你不能「用生氣做為絕望的避難所」。你的自我幫不了你，不管你要應對的是出版商、評論家、敵人，還是反覆無常的老闆。重點不在於他們不了解，或是你比較了解。現在談那個還太早、太快了。

喔，你上過大學？那不表示世界必然屬於你的。你拿的是常春藤大學的文憑？但是人家還是會對你不好，還是會朝你大吼。你有一百萬或得過很多獎？面對新的領域這些都派不上用場。

重點不在於你多有天份、有多少關係，或有多少錢。當你想要做什麼事（偉大、重要、有意義的事），你會經歷各種對待，從漠不關心到蓄意破壞都有。你要有這樣的預期。

在這樣的情況下，「自我」與你需要的東西絕對相反。自我會讓你陷入衝動，相信自己是上帝帶給人類的禮物，或者重要到無法忍受任何你不喜歡的東西——誰有辦法承受自我製造的這些麻煩？

懂得壓抑自我的人明白，當別人對你不好時，並不會貶低你，反而是貶低了他們自己。

前方總是有各種阻礙，不管是輕視、鄙視、拒絕、單方讓步、被罵、在幕後補救明明可以簡單完成的事。這一切都會讓你很生氣，讓你想要回擊，讓你想要說：「我比這個更好。我值得得到更多。」

當然你會想要當面把事情抖出來。更糟糕的是，你會想要當面讓那些不值得他人尊敬、認同或獎勵的人難看。實際上好處都被這些人拿走了，而不是落在你手上。當別人沒有如你所期待的那樣認真對待你，每個人都會有想要指正對方的衝動。（我們都想要說：**你知道我是誰嗎？**）你想要提醒他們忘了什麼，你的自我吶喊著要你這麼做。

但是你不能這麼做。接受它。承受到你無法承受。忍受它。放下它，更努力地做。遵守規則行事。忽略噪音，別因為它而分心。自制是一項很困難但很重要的技巧。你經常會受到誘惑，你可能甚至會屈服於誘惑。沒有人可以做得完美，但是我們必須嘗試做到。

要往前邁進就必須承受過去各種根深柢固的力量的摧殘，這是一個永恆的事實。羅賓森剛進道奇隊時二十八歲，但是他已經因為自己身為黑人與軍人的身分吃盡苦頭。不過他被迫再經歷一次。人生有個令人遺憾的事實是，具有才能的新手經常被忽略，就算被接受了也不會被認可。理由各有不同，但這就是生命旅程的一部分。

然而你無法改變這樣的體制，直到你真的成功了以後。在那之前，你必須找到方法讓它不會偏離你的目標——即使這些目標只是讓你有更多時間發展、向他人學習、打好基礎和發展自己。

羅賓森後來證明了自己，他獲得年度最佳新秀獎和最有價值球員，他在球隊站穩腳步，他開始更明確地主張自己身為球員和黑人的地位和界線。他努力開創他的世界，他覺得自己可以和裁判據理力爭了，而如果要讓某個球員不要惹他或傳遞某種訊息，他也可以把球拋出去。

不論羅賓森變得多有自信或多有名，他從來不會朝球迷吐口水。他不會做任何有損他風範的事。他的球員生涯從始至終在各方面都表現出色。他並非沒有激情。他跟我們所有人一樣有脾氣，也會感到失望沮喪。但是他很早就明白，他行走的鋼索上只能容許自制，無法接受自我。
老實說，並非很多道路如此。

不要困在自己的腦袋裡

一直在想來想去的人，除了想法之外沒有什麼好想的，所以他與現實脫節，活在幻想的世界中。

——英國作家艾倫．沃茲（Alan Watts）

沉浸在自己思緒的男孩霍爾頓．考爾菲德（Holden Caulfield）漫步在曼哈頓的街頭，努力想要融入這個世界。住在洛杉磯的年輕小子阿圖羅．班尼迪（Arturo Bandini）為了成為知名作家而離群索居。一九五〇年代紐奧良上城的望族比克．保林（Binx Bolling）想盡辦法要逃離生命中的「瑣碎日常」。

這些虛構的小說人物都有一個共通點——他們無法擺脫自己腦袋裡的各種想法。

在沙林傑（J. D. Salinger）的小說《麥田捕手》（*The Catcher in the Rye*）中，主人

翁霍爾頓被學校退學，他不想要進入成人世界，恨不得逃離這一切。在約翰．芬提（John Fante）的《心塵奇緣》（*Ask the Dust*，系列作品「班迪尼四部曲」*The Bandini Quartet*之一）裡，年輕作家沒有從他的日子中「體驗」生活，而是從「打字機的紙頁」看人生，想像自己的生活如詩如劇、如故事、如新聞報導，而他是其中的主角。在沃克．柏西（Walker Percy）的小說《影迷》（*The Moviegoer*）中，主角賓克斯對看電影上癮，嚮往銀幕上的理想人生，受不了自己無聊的生活。

根據小說來分析作者的心理很危險，不過這些都是著名的自傳體小說。當我們看看作者本人的真實人生，事實就很清楚了：沙林傑本身的確曾經自我沉迷又不夠成熟，他無法忍受這個世界，所以逃避人際交流，也無法發揮自己的才能。約翰．芬提大部分的作家生涯都默默無名，他努力想要調和巨大的自我和不安全感，最後放棄寫小說轉向高爾夫球和好萊塢的酒吧，直到因為罹患糖尿病而失明，在病危前夕重新認真看待生命。而沃克．柏西則是在不惑之年終於克服懶惰個性和度過存在危機，才寫出第一本小說《影迷》。

如果這些作家可以早一點克服這些難關，他們的成就可以變得更好？他們的生活是不是也會變得比較容易一些？這是他們透過這些具有告誡意味的角色們，希望讓讀者思考的重要問題。

因為令人遺憾的是，這種無法跳脫自己想法的特徵，並不局限於虛構世界。兩千四百年前柏拉圖就曾經提到過，有種人對「盡情思想」感到內疚。即便如此，顯然更常見的情況是，人們「相較於理解自己的想望如何實現，反而略過這件事，以便避免費心思量有什麼可能。他們假設自己想要的就可以得到，繼續做其他事情，享受思考當他們擁有想要的事物之後，他們將要做的每件事，從而讓他們原本就懶惰的心變得更加懶惰」。真實世界的人們寧願住在充滿激情的小說裡，也不願活在真實裡。

南北戰爭時期的喬治・麥克萊倫（George McClellan）將軍是這個類型的代表。他奉命指揮聯邦軍隊，因為他具有一個偉大將領應該具備的所有條件：西點軍校畢業、上過戰場、學習歷史、身世顯赫，也受到下屬愛戴。

但是即使是在一個充滿無能又自私的領導者的領域，為什麼麥克萊倫後來卻成為了可能是最差勁的聯邦將領？因為他永遠困在自己的腦袋裡。他愛上自己身為偉大軍隊統領的形象。他可以專業地準備作戰計畫，可是到了真正要領軍上戰場，兩軍真的要交手時，麻煩就來了。

他很荒唐地深信敵軍勢力持續擴張（事實並非如此，他的軍隊規模一度是敵軍的三倍）。他相信他的政治盟友在背後搞威脅和陰謀（空穴來風）。他認為要打勝仗的唯一方法，就得想出完美的戰略，以及一場決定性的戰役（判斷錯誤）。他深信他相信的所有事情，所以他嚇得沒有採取任何行動……曾經長達好幾個月。

他一直想到自己以及他做得有多棒——恭賀自己還沒有贏得的勝利，或者是避免了可怕的戰敗。當任何人質疑他這種自我安慰的想像，甚至是他的上司，他表現得就像是一個任性、妄想、自我吹噓又自私的混蛋。

事後一名曾在安提耶坦之戰（Battle of Antietam）效力於麥克萊倫旗下的歷史學者表示：「他的自我主義無比巨大，除此之外沒有其他可說了。」我們往往以為自我就等於自信，是領導必須具備的特質。事實上，它帶來的效果可能恰恰相反。以麥克萊倫為例，自我反而讓他失去了領導能力。它奪去他行動所需要的思考能力。

如果他不斷錯失良機並不會造成千萬人喪命的話，那麼這樣的行為就只是荒唐可笑而已。更糟的是，他被石牆．傑克森（Stonewall Jackson）和李（Lee）兩位盡責且不多話的南方人先發制人，以寡敵眾，落得難堪不已。這就是將領沉溺自我的下場。我們每個人都可能會如此。

小說家安．拉莫特（Anne Lamott）把「自我」的故事描述得很精彩。她告誡年輕作家們：「如果你不小心，K-Fucked電台就會每天二十四小時在你腦袋裡播放音樂，完全沒有停止，而且是立體聲。」

> 你耳內的右側喇叭不斷傳來永無止盡的聲音，告訴你你有多厲害、多特別、多天賦異稟、多優秀、多有知識、多謙虛，只是不被理解。左邊喇叭則是傳來自我厭惡的饒舌樂，列出所有你做不好的事，所有你今天和整個人生犯過的錯誤，還有懷疑，還有你做過的每件事都不值得，你的關係也沒弄好，你就各方面來說都是個騙子，不值得無私的愛，沒有天賦也沒有見識，諸如此類說個不停。

任何人都可能聽到這樣的旁白，不論好或壞的，尤其是志向遠大的人。充滿抱負的年輕人（或夢想剛起飛的人）難免會因為自己腦袋裡的想法而感到振奮不已，尤其現在這個世界告訴我們要維持和推銷「個人品牌」。我們必須要會說故事才能銷售自己的產品和能力，久而久之我們會忘記幻想和現實的區別。

最後這樣的缺陷會癱瘓我們。或者它會成為我們和行動所需知識之間的一道牆——這也是為什麼麥克萊倫對於他理應能夠分辨的錯誤情報一直信以為真。他的任務相對直接明瞭，他只需要展開行動，對於沒有想太多的人而言，這幾乎是一件簡單又清楚明白的事。

他跟我們所有人沒有不同。我們都會感到焦慮不安、充滿懷疑、覺得無能為力、痛苦，有時候還有點瘋狂。就此而言，我們跟青少年沒兩樣。

心理學家大衛・艾肯（David Elkind）著名的研究發現，青少年時期最顯著的心理現象是所謂「假想的觀眾」（imaginary audience）。試想一個因一週沒去上課而不好意思的十三歲少年，他深信全校師生都在他背後議論紛紛，但是其實根本很少人注意到這麼小的事情。或者是一個青少女每天早上花三小時在鏡子前打扮，好像要登台表演一樣。他們這麼做是因為相信外界隨時都在盯著他們的一舉一動。

即便長大之後，我們走在街上時也不免有這樣的幻想。戴上耳機，突然間音樂響起。翻起外套衣領，一度覺得自己很帥氣。腦袋裡重複播放會議成功的畫面。群眾會自動讓路。我們是無懼的戰士，正要攀上顛峰。

那是蒙太奇的敘事。那是小說的場景。那樣的感覺很好，比懷疑、害怕、平凡無奇的感覺好太多了。所以我們陷在自己的腦袋裡，而非加入我們周遭的世界。

那就是「自我」。

成功的人懂得抑制這樣的幻想之旅。他們懂得忽略讓他們覺得自己很重要或者會導致觀點偏差的誘惑。幾個世代之後的喬治・馬歇爾（George C. Marshall）曾短暫擔任與麥克萊倫同樣的職位，可是兩人性格完全相反；第二次世界大戰期間，儘管歷史學家及友人的請求，但是喬治・馬歇爾拒絕寫日記。他擔心這麼做會讓自己平靜的反省變成一種表演和自欺欺人。他擔心會因為顧慮到名聲和未來讀者觀感而事後批評一些困難的決定，以及重新包裝自己的想法。

我們都會受到腦袋裡這些執念所影響，不論是開創新科技，還是在公司裡努力往上爬，或是陷入瘋狂的熱戀。越是有創意想像，越容易失了頭緒。

想像力是一種資產，但是當它不受控制時就會很危險。我們要控制我們的想法。否則如果迷失在激情裡，我們要如何正確預測未來和解讀情況？我們要如何求知若飢，保持清醒？我們要如何珍惜當下？我們又要如何在實用的領域裡發揮創意？

活在當下，活得清醒，需要勇氣。不要活得空洞迷糊，要過得實際又真誠，甚至，也尤其是在不安的時候。要知道周遭的狀況。體會它，適應它，改變它。

不用為誰而表演。只有需要完成的工作和需要學習的事情在我們的身邊。

少年得志的危險

一個驕傲的人總是看不起事情也看不起人；當然，只要你目光朝下，你就看不見在你之上的東西。

——愛爾蘭作家C.S.路易斯（C. S. Lewis）

十八歲就已經事業小成的班傑明・富蘭克林回到七個月前逃離的故鄉波士頓拜訪。他得意又自滿地穿著一身新西裝，戴著手錶，口袋裡塞滿錢，他刻意讓錢露白向每個他碰到的人炫耀，包括他哥哥，他最想要得到的就是對方的佩服。而其實當時他也不過只是費城一家印刷廠的員工。

有一次富蘭克林和鎮上最富聲望的人物，同時是他之前競爭對手的科頓・馬瑟（Cotton Mather）見面，他立刻展現出血氣方剛的自我會如何可笑地膨脹。他們兩人沿著走廊邊聊邊走，突然馬瑟出言警示：「彎下身。彎下來。」但是富蘭克林只顧說話，一頭撞上一根低矮的天花板橫梁。馬瑟的回應很恰到好處：「就當作是一個警告吧，提醒你不要總是揚著頭。」他挖苦地說：「要懂得彎腰，年輕人，在這個世界上行走，要彎下身才能夠躲過很多碰撞。」

基督徒認為驕傲是一種罪，因為它是一種謊言——它會讓人們相信他們比自己更好，比上帝所創造的他們更優秀。驕傲會導致自大，讓人遠離謙遜以及與同胞的連結。

就算你不是基督徒也能明白其中的道理。只要你在乎自己的生涯，你就會明白：驕傲，即便是奠基於真實的成就，是會讓人分心和迷惑人心的東西。

「諸神想要毀滅者，必先稱其有希望的。」作家西里爾・康諾利（Cyril Connolly）的名言。距此兩千五百年前，輓歌詩人泰奧格尼斯（Theognis）寫信給友人：「庫爾諾斯，諸神摧毀一個人之前，必先賜給他驕傲。」然而，我們卻都刻意地拾起驕傲的外衣。

驕傲會削弱追求成功所需要的工具：我們的心智。我們學習、適應、調整和建立關係的能力，都會被驕傲給磨損。最危險的是，生命早期或是還充滿夢想的階段，特別容易受到這樣的影響。時間久了你會領悟到，當頭一撞反而是最小的危害。

驕傲會讓人有點小成就便覺得像是做了什麼大事。它會微笑看著我們的聰明才智，彷彿我們已經展現的就暗示著未來的成功。它離間了我們和現實，隱約改變我們對事物是什麼和不是什麼的感知。這些強勢的觀點沒用堅實的事實或成就為依據，讓我們的生涯走向幻覺，或者更糟糕的情況。

驕傲和自我對我們說：

- 我是一個「創業家」，因為我一切都是靠自己。
- 我現在處於領先地位，所以我一定會「贏」。
- 我是一個「作家」，因為我出版過一些東西。
- 我很「富有」，因為我賺了些錢。
- 我很「特別」，因為我被選上了。
- 我很「重要」，因為我認為我應該很重要。

我們都曾經貼上這樣的自我滿足標籤。不過各種文化中都會有對此的警語：不要期望過高或過早。要煮魚之前得先抓到魚。要烹煮兔肉之前得先抓到兔子。光說不練永遠不會成功。自不量力只會自取其辱。驕兵必敗。

這樣的心態其實就是一種「欺騙」。如果你真的努力去做，也真的投入時間心力，你就不需要欺騙，也不用欲蓋彌彰。

驕傲是一個高超的侵略者。約翰・洛克菲勒（John D. Rockefeller）年輕時就會在深夜和自己對話。他會說出來或在日記中寫道：「不要因為事業剛有起色，你就自以為是個成功的商人。要小心謹慎，不然你會失去理智。要保持穩定。」

他在生涯早期就有一番好表現。他找到一份好工作，逐漸累積資產，也做了一些投資。他父親是一個騙人錢財的酒鬼，而他卻能有這樣的成就實屬不易。他走在正確的道路上。可以理解的是，隨著成就（以及邁向成功的過程）而來的自滿開始悄悄潛入。在某個挫折的時刻，他曾經對一位拒絕借貸給他的銀行員大吼：「總有一天我會成為世界上最有錢的人。」

洛克菲勒或許是唯一一個說要成為世上最有錢的人，後來真的成為最有錢的人。但是像他這樣的人，不少只是充滿幻想的混蛋，他們說著跟他一樣的話，也對自己的話深信不疑，最後卻落得一事無成——部分原因是自我在作祟，讓其他人不喜歡他們。

正是因爲如此，洛克菲勒知道他必須約束自己，他必須管好他的自我。所以每天晚上他總是會自問：「你要當個傻蛋嗎？你要讓這些錢讓你變成自大鬼嗎？（不管錢有多少。）你要張大眼睛，」他警惕自己：「千萬別失去平衡。」

後來他曾反思：「我對於自大所造成的危害感到恐懼。因為短暫的小小成功就讓一個人志得意滿，失去判斷力，忘了自己是誰，實在很可憐。」驕傲會使人短視近利又自以為是，從而扭曲了觀點、現實、事實，以及周遭世界。在聖修伯里（Saint-Exupéry）的作品中，天真的小王子心有戚戚焉地哀嘆道：「愛慕虛榮的人只聽得見頌揚的話。」這也是為什麼我們承受不起聽自我對真實的翻譯。

接受指正、虛心求知、追求正途。驕傲會讓心智變得遲鈍。或者在其他情況下，它會凸顯我們負面的感受：敏感、被害妄想症、覺得事事都是針對自己。

知名的征服者和戰士成吉思汗費心訓練自己的兒子和手下的將領，確保他們能繼承他的志業，他經常耳提面命：「如果你無法吞下你的驕傲，你就無法統領大軍。」他告誡眾人，自我比野獅更難馴服。他喜歡以山為譬喻，他曾說：「就算是最高的山，若有動物攀上山頂，牠就比山還要高。」

我們往往會小心提防負面情緒，提防阻礙我們追求志業或讓我們懷疑自己未來的人。這些當然是必須小心面對的阻礙，但是處理起來相對容易。然而我們比較少培養的是，保護我們自己免於當成功在望時，很快就會出現在眼前的認同和滿足。我們沒有保護自己免於自我感覺良好（甚至是感覺太好）的人事物。我們必須為驕傲做好準備，趁早根除它，不然它會毀了我們想要追求的事物。我們必須抵抗那些不受控制的自信和自戀。美國作家弗蘭納里・歐康納（Flannery O'Connor）曾說道：「自我認識最先帶來的就是謙虛。」我們必須真正認識自己才能擊退自我。

當你感到驕傲時，你要問自己：有什麼是比我更謙遜的人看到，而我沒有看到的？我氣勢洶洶、情緒失控或偽裝是為了逃避或避免什麼？現在就問你自己這些問題是更好的，因為現在風險還很低，要不然之後就太晚了。

值得一提的是：沒有說出來，不代表你就沒有驕傲。暗地裡認為你比別人更好，同樣是一種驕傲，同樣十分危險。「自傲之處終將成為禍害之處。」這句話是十六世紀法國哲學家蒙田刻在自家天花板橫梁上的警句。他引用古希臘劇作家米南德（Menander）的話，原來的句子前面還有一句話：「對自以為會成功的人來說」。我們還在努力追求，與我們同行的應該是努力奮鬥的人們——而非驕傲和自滿。

缺少這樣的理解，驕傲就會吞噬我們的自我概念，讓它與現實產生矛盾；而現實是我們還有很長的路要走，還有很多事要完成。

富蘭克林撞到梁柱之後，加上聽了馬瑟的一番話，他終其一生都在與自我奮戰，因為他想要做的事還有很多，而他知道自我會讓這些事情更難實現。這也是為什麼儘管他的財富、名聲和權力放諸任何時代都已經讓人望塵莫及，但是富蘭克林從來沒有經歷過那些因為過於驕傲而沉淪者所遭致的不幸。

終究我們要說的是，這並非因為你還不能驕傲所以先延遲驕傲，也不是「不要吹噓還沒有發生的事」。而是更直接了當的，「不要吹噓，不要驕傲」。那沒有任何好處。

努力，努力，努力

一個好計畫如果沒有實踐，不過只是好的意圖。

——管理學之父彼得．杜拉克（Peter Drucker）

以芭蕾舞者的畫作聞名的印象派畫家埃德加．竇加（Edgar Degas）曾經短暫對寫詩感興趣。充滿天賦和創造力的他，的確具備寫出偉大詩作的潛能——他看得見美，也能找到創作靈感。可是卻不見竇加的詩流傳後世。原因或許可以從一次知名的對話中看出。某天竇加向他的詩人好友斯特凡．馬拉美（Stéphane Mallarmé）抱怨寫作遇到瓶頸。「我空有滿滿的點子，卻無法說出我想要說的。」馬拉美的回答鞭辟入裡：「親愛的竇加，形成詩句的不是點子，而是文字。」

或者應該說，是「實際行動」。

這正是專業和業餘的差別——你必須知道光有點子是不夠的；你必須付諸實際行動，直到你能夠將你的經驗透過紙頁上的文字有效再現。正如哲學家保羅・瓦勒里（Paul Valéry）曾在一九三八年時解釋說道：「詩人的功能……並非體驗詩的狀態，那是私密的事。他的功能是在其他方面創造它。」換句話說，詩人的工作是生產詩。

他們是工匠，也是藝術家。他們努力做出一個勞動作品和工業作品，而不只是心智的作品。在這裡抽象的想法遇上實際的方法，我們把想法和做法轉換成真實的工作。

「你無法靠你**將**要做的事建立名聲，」亨利・福特（Henry Ford）曾說。雕刻家妮娜・荷頓（Nina Holton）在心理學家米哈里・契克森米哈伊（Mihaly Csikszentmihalyi）對於創造力的指標性研究中有同樣一番見解。「靈感的種子，」她告訴他，「無法做出一座站立的雕像。它只是坐在那裡。所以當然下一步就是努力工作。」創投天王本・霍羅維茲（Ben Horowitz）直言不諱：「難的不是設定一個巨大、嚇人又大膽的目標。難的是當你的目標無法達成而必須裁員……難的不是遠大的夢想，而是當美夢變成噩夢時，夜裡被嚇醒冷汗直冒。」

這些你當然都明白。你知道天下沒有白吃的午餐，而且要吃午餐得要很努力。但是你**真的**了解嗎？你知道必須付出多少努力嗎？不是成功了以後就可以不用努力，而是要努力、努力、努力，永遠要不斷地努力。

要精通一項技藝需要花一萬個小時練習，還是兩萬個小時？答案並不重要。努力沒有盡頭。想一個數字只會自我設限。我們要說的是會需要很多時間，達成目標靠的不是聰明才智，而是持續的努力。這不是一個很誘人的想法，卻可以鼓舞人心。因為這表示，只要我們不斷努力、保持謙遜有耐心、堅持不懈投入工作，目標終究可以達成。

在這裡，你大概可以知道，為什麼自我會對這樣的想法嗤之以鼻。「終究可以達成？」自我如此埋怨，「意思就是我還沒有達成！」沒錯，你確實還沒有達成，大家都是如此。

我們的自我認為有想法和有志做某件事就已經足夠。花費在做計畫、參加會議、和有同感的朋友聊天的時間，也算是往成功邁進一步。自我想要付出的時間都有所回報，它想要做有趣的事——可以吸引注意、得到讚譽或榮耀的事。

這就是現實。而我們把心力放在哪裡，會決定我們最終走到哪裡。

美國前總統比爾・柯林頓（Bill Clinton）從年輕時就開始會把認識的人和朋友的

名字、電話寫在小卡片上收集起來，他認為這些人對於他的從政之路可能會有所幫助。每晚他都會隨意翻翻這些卡片，沒有任何目的或理由，然後打個電話、捎個信息，或記下跟對方的互動。隨著時間經過，卡片多達上萬張（當時還沒有數位化）。最終這樣的努力把他送進白宮，而且持續讓他收穫紅利。

或者再想想達爾文，他投注好幾十年的心血研究演化理論，理論完備之前遲遲沒有出版。當時鮮少人知道他在研究什麼。沒有人會說：「嗨，達爾文，花費這麼長的時間沒關係，因為你研究的東西很重要。」沒有人知道，連他自己也無法預知。他只知道自己還沒有做好，還可以做得更好，而這樣的想法就足以讓他繼續向前。

想想：我們是否獨自坐著努力工作？這樣的努力不知道會通往何方，也可能讓人感到洩氣或痛苦？我們是否熱愛工作，為了活而做，還是為了做而活？我們是否像那些偉大的運動員一樣熱衷練習？或是我們追求短期的注目和讚賞——無論是沉溺於無止盡地追求靈感或只是漫無目的地閒談？

想要做，就動手去做。

有句很適合的拉丁俗諺：「工藝比材料更重要。」我們天生的材料、情感的材料、經濟的材料都只不過是起跑點。我們無法控制它們。但是我們可以控制我們要怎麼運用那些材料，或者要如何揮霍那些材料。

身為年輕的籃球員，比爾．布萊德利（Bill Bradley）會提醒自己：「當你沒有在練習時，記著，別人可能正在某個地方努力練習，然後當你對上他時，他就贏了。」聖經文本裡也有異曲同工的段落：「主人回來的時候，看見哪些奴僕警醒著，那些奴僕就蒙福了。」你可以騙自己說你已經花了很多時間，或者假裝你已經在努力，但是最終會有人出現。你會被測試，而且很可能的是，你會被揭穿。

布萊德利後來成為全美知名的運動員，還獲選為羅德學者（Rhodes Scholar），並且兩度與紐約尼克隊一起奪冠，甚至當選美國參議員。由此可以理解，這樣的努力將會帶你到達不一樣的地方。

所以我們必須努力。沒有任何成功是不勞而獲的。

如果努力就像劃開一道裂縫讓才華湧出來，那不是很好嗎？如果你走進會議室時腦袋就自然冒出各種點子，那不是很好嗎？要是你走向畫布在上頭大筆一揮就能創作出現代藝術，那該多好？但是這些都是幻想，或者應該說是謊言。

讓我們再來看看一個受歡迎的老生常談：弄假直到成真（Fake it ’til you make it）。在這個虛實難分的世界，不意外的這樣的想法越來越有用。當我們越來越難區分真正的生產者和熟練的自我推銷者時，當然會有人想要碰碰運氣，操作自信的遊戲。假裝到你不用再假裝為止，這是關鍵。你可以想像醫生是勉強應付過關的嗎？或者足球四分衛或鬥牛士？更重要的是，你希望他們是這樣的嗎？那麼你為什麼要這麼做呢？

每次你坐下來工作時，提醒自己：我這麼做是為了延遲滿足。我通過了棉花糖測試[12]。我正在為自己的目標努力。我正在投資自己，而非自我。你可以讚賞自己這樣的選擇，但不要太多，因為你還有很多事情要做：練習、努力做、持續改善。

努力是指當別人因為風雨而躲進屋內時，你發現自己還在賽道上持續前進。努力是指通過痛苦又彆腳的草稿和原型往前邁進。不要管別人獲得什麼喝采，更重要的是，不要管你可能獲得什麼喝采。因為還有工作要做。它們不會因為你想要它們變好，它們就會變得更好。你必須努力去做，它們才會變得更好，就算是在逆境中。

俗諺說得好：「從木匠留下的木屑可以知道一個木匠好不好。」確實如此。要知道你進展了多少，只要往下看看就知道。

12 譯注：marshmallow test，心理學的經典實驗，重點是懂得延遲滿足代表更高的自制力，可以克制欲望並放棄眼前誘惑，等待更有價值的結果和獲得更大的享受。

對於接下來會發生的每件事，自我都是你的敵人……

大家都可以證實，
卑下是年輕雄心的階梯。

——莎士比亞（Shakespeare）

我們都知道自己最終想要走向何處：成功。我們想要夢想成真。財富、認同和名望也都很迷人。我們想要擁有這一切。

問題在於，我們不確定「謙卑」可以帶我們走到那裡。我們被嚇得呆在原地，正如牧師山姆．威爾斯博士（Dr. Sam Wells）所說的，假如我們謙卑的話，到頭來我們會變得「臣服，被人踩在頭上，覺得不好意思和無關緊要」。

倘若你在薛曼將軍生涯的中途問他，或許他也會用這些詞來形容他自己。他沒有賺多少錢。他也還沒有打贏什麼重要戰役。他依然沒沒無聞。在那個時候，也就是在南北戰爭之前，他可能開始質疑自己選擇的道路，懷疑走在這條路上的人是否能夠堅持到最後。

正是這樣的想法才會創造出「浮士德的交易」（Faustian bargain）[13]，讓很多原本單純的雄心抱負變成厚顏無恥的沉淪。一開始的階段，自我會暫時調適。狂熱會被當作是敢於冒險。妄想會被當作是信心，無知被當成是勇氣。然而這只是在逃避問題。因為沒有人會在回顧一生時說：「天啊，這個可怕的自我實在很值得。」

對於自信的內在爭論，讓人想到電台先驅艾拉．拉格斯（Ira Glass）的一個知名概念：品味與實力的差距（Taste/Talent Gap）。

> 所有從事創意工作的人……我們投身其中是因為我們有好的品味。但是那裡感覺有一道鴻溝，一開始幾年你做一些東西，你做得不是很好……它真的不是很

13 譯注：比喻出賣道德操守以獲取短暫利益的行為。

棒。它**試著**變得更好，也有野心要變得更好，但就是沒有那麼好。但是你的品味——讓你進入這一行的東西——還是很出色，足以讓你看得出來你正在做的東西是令你失望的。

正是這樣的差距讓「自我」似乎可以為我們帶來安慰。誰會想要看著自己和自己的作品，卻發現它們根本沒有達到標準？所以我們可能會吹噓好讓自己過得去。用性格、驅力和熱情的力量來掩飾殘酷的事實。或者，我們可以真誠面對自己的缺失，投入時間精進自己。我們可以因此學會謙虛，清楚瞭解自己的能力所在，以及需要改進的地方，然後努力填滿能力與不足之間的差距。我們可以建立會持續一輩子的好習慣。

如果說「自我」在薛曼將軍的那個年代很誘人，在這個時代，我們就像是為了一九九九年環法自由車賽而訓練的蘭斯·阿姆斯壯（Lance Armstrong）。[14]我們就像棒

14 譯注：阿姆斯壯在一九九九年環法自由車賽之後被指有服用禁藥的嫌疑。二〇一二年美國反禁藥組織調查指出：阿姆斯壯長期使用禁藥，褫奪他一九九八年八月之後的成績。

球選手貝瑞・邦茲（Barry Bonds）猶豫是否要走進灣區實驗室。[15]我們賣弄自大和欺騙，在這個過程中我們也嚴重高估了「不惜一切代價求勝」的重要性。自我對我們說，每個人都這樣做，你也應該這樣做。我們心想，**要打敗他們就不能不這麼做**。

當然，真正的遠大抱負是面對人生，用平靜的信心持續往前邁進，而非焦慮分心。讓別人去抓住他們的支撐。面對事實是一場孤獨的戰鬥，你要告訴自己「我不能鬆懈」。你要告訴自己：「我要做自己，最好的自己。我加入這場長期賽，不論它可能會有多殘酷。」要做事，不是做人。

對薛曼而言，正是因為他的選擇讓他在國家和歷史需要他的時候，他已經做好準備，也讓他可以應付接踵而來的重責大任。在這場嚴峻的考驗中，他鍛鍊出一種性格：志向遠大但是保持耐性，創新但是不傲慢，勇敢向前但是不會走險路。他是一個**真正的**領導者。

你也有機會可以親身實踐。用不同的方式比賽，為了目標勇往直前。因為不論接下來會發生什麼事，都將會用你現在無法理解的方式考驗你。而自我則是成功的壞姊

15 譯注：二〇〇四年美國政府經過兩年調查提出報告：有五名大聯盟球員是灣區實驗室（BALCO）提供類固醇的對象，其中包括貝瑞・邦茲。

妹。

你很快就能體會這句話的意義。

第二部

成功

現在我們已經攀上我們辛苦努力想要攀上的顛峰——或者至少山頂已經近在眼前。眼前我們面對新的誘惑和難題。在惡劣的環境下，我們呼吸著稀薄的空氣。為什麼成功這麼短暫？都是自我惹的禍。無論是戲劇性地倒下，還是慢慢腐化，這樣的失敗總是可能的，卻也經常是不必要的。因為我們停止學習，我們停止傾聽，我們對於什麼是重要的失去判斷。我們成為自己和比賽的受害者。保持清醒、心胸開闊、有條理組織、有目標——這些是最好的穩定劑。它們可以抵消伴隨成就和認同而來的自我與驕傲。

不論你達到什麼樣的成就，自我都是你的敵人……

有兩種不同的性格可以供我們仿效：一是具有驕傲的野心與顯擺的貪求；另一則是樸實的謙遜與公平的正義。有兩個不同的模型，兩種不同的形象，供我們據以形塑自己的性格和行為：一個色彩較為華麗炫目，一個輪廓更加明確和細緻美麗。

——亞當．斯密

在一九二四年一月的一場商業會議上，成功的發明家、工程設備巨頭老霍華．休斯（Howard Hughes Sr.）站起身時一陣抽蓄，因突發的心臟病而身亡，享年僅五十四歲。他的兒子當時才十八歲，是個沉默、內向又不諳世故的男孩，繼承了私人企業四分之三的股份，公司靠石油鑽探的專利和器材租借而有近百萬美元的價值。剩餘股份則留給家族其他成員。

出於某種難以理解的遠見，被許多人認為是被寵壞的男孩的小霍華．休斯，決定要買下親人的持股，由他自己掌控整個公司。未成年的他不顧眾人反對，動用私人資產和幾乎公司的所有資金買下股份，如此一來他穩固了企業的所有權，而在接下來一個世紀這家企業為他創造了數十億美元的營收。

對一個沒有商場經驗的年輕人來說，這是非常大膽的一步。然而也正是因為這樣的大膽，在他一生中創造了歷史上最令人難堪、最不經濟、最不誠實的企業紀錄。在他掌舵休斯帝國期間，他看起來更像是一個瘋狂的放縱玩樂者更甚於一個資本主義的企業家。

不能說小霍華．休斯沒有天賦、遠見和才氣。他確實有。事實上他是一個機械天才，他也是航空業發展的年代最棒和最勇敢的飛行員之一。而且身為商人和電影製片，他能夠預測他所涉入的產業和整個美國將會有怎樣翻天覆地的改變。

可是濾除他的傳奇、魅力和善於自我宣傳所形塑的精明能幹形象，最後只剩下一個樣貌：散盡千萬家財的自大狂，最後走向悲慘可憐的結局。並不是因為意外，也不是因為無法預測的環境變化或競爭而陷入困境，而是因為他自己的所作所為。

快速看看他的事蹟（如果可以這麼說的話）就能夠明顯看出問題所在：

從家族手中收購股份並掌管父親的公司之後，休斯幾乎立刻就棄之不顧，除了持續挪用公司資金。他離開休斯頓以後便再也沒有踏進過公司總部。他搬到洛杉磯，決定要當個製片和名流。他從事內線交易賠了八百多萬美元，整個市場也走向大蕭條。他最為人所知的電影《地獄天使》（*Hell's Angels*）耗時三年拍攝，花了預算四百二十萬美元，最終虧損一百五十萬，過程中還差點把自家公司搞到破產。沒有學到教訓的休斯在一九三〇年早期又重蹈覆轍，在克萊斯勒（Chrysler）的股票上賠了四百萬美元。

接著他將這一切拋諸腦後，轉戰航空業，開了一家軍火承包商名為休斯飛機公司（Hughes Aircraft Company）。儘管以發明家而言休斯有些驚人的個人成就，但是他的公司還是失敗了。二次大戰期間，他承包了總價四千萬美元的飛機製造，結果一敗塗地，白白浪費了人民納稅錢和他自己的錢。其中最知名的「雲杉之鵝」（Spruce Goose）——休斯稱它是「大力神」（Hercules），號稱史上最大的飛機——耗時超過五年建造，花費大約兩千萬美元，卻只有飛航過一次，而且飛行不到一英里，飛行高度距離海面只有七十呎。在他堅持和付費下，大力神停在加州長灘附有空調的停機棚好幾十年，每年代價一百萬。他決定加倍投注電影事業，買下雷電華電影公司（RKO），但是虧損了兩千兩百多萬（公司在他數年營虧下，從原本兩千名員工變成剩下不到五百人）。就跟放棄父親的公司一樣，他也玩膩了這些事業，後來他把軍火承包交給專業經理人打理，公司表現開始有了起色……因為他沒有插手。

如果只說到這裡就可以避免過度批評——但是這樣就會漏了休斯稅務詐欺；墜機

和車禍意外；在私人調查、律師、不讓女星演出而毀約、沒住過的房產上浪費的數百萬美元；讓他願意好好行事的唯一一件事就是被公開揭露的威脅，還有偏執妄想、種族歧視和霸凌；婚姻失敗、藥物成癮，以及其他管理不善的事業。

「我們把霍華．休斯造神這件事，也讓我們看出自己一些有意思的事情。」年輕作家瓊．蒂蒂安（Joan Didion）寫道。她說得對。儘管名聲顯赫，但是霍華．休斯卻堪稱是二十世紀最糟糕的企業家。通常一個企業家失敗之後會在業界消失，讓人難以得知造成他失敗的真正原因。然而休斯由於父親的公司穩定獲利（那是他覺得無趣而未插手的事業），所以他持續有經濟能力，從而也讓我們可以看到他如何因為自我而屢屢失敗——除了他自己失敗，也影響他周遭的人，還有他想要達成的目標。

有個景象可以描繪休斯逐漸陷入精神失常。傳記作家描述他會脫光衣物坐在他最喜歡的白色椅子上，沒有梳洗、蓬頭垢面，不分晝夜應付律師、調查員和投資者，試圖挽救他的帝國，遮掩不為人知的醜事。前一秒鐘他可能會在記事本上沒有邏輯地寫下一些關於紙巾、準備食物、員工不能直接跟他說話的內容，下一秒鐘他會突然回神，找到一個打敗債權人和敵人的絕妙策略。他們觀察認為，休斯的心智和事業好像一分為二。就好像「IBM 刻意建立了兩家子公司，一家生產電腦和獲利；一家製造車子和賠錢。」如果有人想要找一個有關自我和毀滅的血淋淋例子，沒有比休斯這樣一手拚命朝目標努力，另一手卻同樣用力在破壞自己的努力更好的範例。

就跟我們所有人一樣，霍華・休斯並非全然瘋狂，也並非全然理智。他的自我因為身體受傷（主要是因可歸咎於他的墜機或車禍）及各種癮症而加劇和膨脹，讓他陷入我們難以理解的黑暗中。他會有短暫的清明時刻，敏銳的心智可以衝出黑暗，他可以做出一些最好的行動；但隨著生命進程，這些時刻變得越來越少了。最終，自我和狂躁症與創傷一起殺了霍華・休斯——它們從一開始就糾纏在一起。

你必須願意面對事實才有辦法看見事實。看著這個離經叛道的億萬富豪、怪人、名人，心想：「我也好想要跟他一樣。」這樣想比較吸引人也比較有趣。但是你絕不會想要跟他一樣的。就跟許多有錢人一樣，霍華・休斯自作自受。他沒有太多快樂。他幾乎沒有享受他擁有的一切。最重要的是，他浪費了這一切。他浪費了這麼多才能、這麼多勇氣，以及這麼多力氣。

亞里斯多德曾說，缺乏美德和修養，「難以好好守住好運的結果。」霍華・休斯值得我們警惕，因為他顯然無法好好守住他與生俱來的權利。他無止盡地追求矚目，不論多麼有損自己的形象，而透過他喧鬧的一生，也讓我們有機會看到自己的傾向，看到我們有多想要爭取成功和幸運。休斯膨脹的自我和走向毀滅的道路，不論是經過好萊塢、軍火業、華爾街或航空業，讓我們得以一窺一個人如何持續被我們每個人都擁有的衝動給擊敗。

當然，他不是歷史上唯一一個走上這條路的人。你將會步上他的後塵嗎？有時在追求夢想的過程中，自我會被壓抑。有時候你會想出很棒的點子，或是遇上非常好的時機（或者生而有財富或權力），這都會短暫助長或甚至補償巨大的自我。當成功到來時，自我就會開始操控我們的心智，削弱讓我們一開始得以獲勝的意志，就像它對剛贏得冠軍的球隊所做的一樣。我們知道帝國總是會崩落，所以我們必須思考為什麼他們總是會從內部開始瓦解

哈羅德·傑寧（Harold Geneen）是一位企業執行長，他多少開創了現代跨國企業集團的概念。透過一連串的收購、併購和接管（共超過三百五十家公司），他帶領一家一九五九年的年營收只有一百萬美元的公司國際電話電信（ITT），成長到一九七七年，他退休之際，年營收達一百七十億美元。有人說他自我，但總之他坦白說到自我對他的企業所造成的影響，還告誡企業主管不能自滿。

「影響企業主管工作表現的最糟弊病不是一般人以為的酗酒，而是自我主義。」

傑寧說得好。在「廣告狂人」（Mad Men）[1]的美國企業年代，喝酒成了一個主要問題，而自我也源自同樣的根源——不安全感、恐懼、不喜歡殘酷的客觀現實。「無論中高階管理者，不受控的自我讓人看不清楚周遭現實；他會逐漸遁入自己的幻想世界；而且因為他真心相信自己絕對不可能會出錯，他成了必須在他指導下工作的男男女女的威脅。」傑寧在回憶錄中寫道。

現在我們已經達成了一些成就。在我們給自己一些適當的讚賞之後，自我會要我們這樣想：「我很特別。我比別人更好。一般規範不適用在我身上。」

維克多．弗蘭克（Viktor Frankl）曾說：「人受驅力推動，但是會被價值給拉住。」被操控，還是操控者？你是哪一種？如果沒有正確的價值，成功只是短暫的。如果我們不希望只是曇花一現，如果我們想要繼續下去，就必須學會對抗這個新的自我形式，並且了解需要怎樣的價值和原則才能對抗它。

成功讓人陶醉，但是要維持成功必須保持腦袋清醒。要是我們認為自己什麼都知道，就無法繼續學習。我們不能相信自己的神話，也不能盡信外界的喋喋不休。我們

1 譯注：意涵來自一九五〇年代末，許多在紐約麥迪遜大道開設廣告公司的一群人自稱是 Mad Men，創意、精彩、迷人得如一張美國浮世繪。

必須理解自己只是整個相互連結的宇宙的一小部分。最重要的是，我們必須為自己的行動建立一套系統——一套如何做事的系統，而不是一套關於「我們」的系統。

世人對霍華・休斯已經做出裁判。自我毀了他。在某個時刻，類似的裁判可能都在等著我們。在你的生涯過程中，你會面臨像休斯一樣的選擇；每個人都會面臨這樣的選擇。無論你是從頭開始創建自己的帝國，還是你擁有實際的財富或養成的才能，混亂失序隨時可能會摧毀它們。

你能抓住成功嗎？或者它會是發生在你身上最糟糕的事？

保持學習的心態

遇見的每個人在某方面都是我的老師，就此而言我向他學習。

——美國思想家愛默生（Ralph Waldo Emerson）

成吉思汗的傳奇在歷史中迴響：他是野蠻的征服者，暴力又嗜血，讓文明世界惶惶不安。他率領蒙古大軍橫掃歐亞大陸，貪得無厭，沒有什麼能阻止他們燒殺擄掠，剷除擋路者，摧毀對手建立的文明。然後就像他的遊牧部隊戰士，這股可怕旋風就這樣消失在歷史中，因為蒙古人沒有建造任何可以延續後世的東西。

如同所有反對性、情緒性的評論，這樣的說法錯得離譜。成吉思汗不但是史上最偉大的軍事家，他也是永遠的學習者，他令人驚嘆的勝利往往源於他能夠吸收蒙古帝國所接觸的每個新文化裡最好的技術、行動和創新。

事實上，如果說在成吉思汗的統治與接下來屹立數個世紀的王朝中有什麼主題的話，那就是：挪用（appropriation）。在他的領導下，蒙古大軍除了致力於征服，同時徹底竊取和吸收各地文化的精華。儘管蒙古帝國本身基本上沒有技術發明，也沒有華麗的建築或偉大的藝術，但是隨著每一場戰役和每一個敵人的洗禮，他們都會學習和吸收新知。成吉思汗並非天生的英才，而是如一位傳記作家所說，他的表現是「一個由嚴謹的紀律和專注的意志所推動的務實學習、嘗試適應，以及持續修正的過程」。

他是世界上最偉大的征服者，因為他比其他我們所知的征服者都更願意學習。

成吉思汗的第一場重要勝仗是奠基於他重整軍隊組織，將士兵分成十組。這樣的戰術是他偷師鄰近的突厥部落，從而不知不覺中也讓蒙古人轉而採用十進位系統。隨著帝國擴張，很快地他們接觸到一個前所未見的「技術」：城寨。攻打西夏王國時，成吉思汗第一次學到搶占要塞的細節要領，以及圍城的重要策略，而且很快他就成為一名專家。不久之後，在中國工程師的協助下，他教導士兵如何打造可以撞毀城牆的攻城器械。在和女真族的對戰中，他學到贏得人心的重要性。藉由與征服地的學者和貴族攜手合作，他得以用多數帝國無法做到的方式保有和管理各領地。之後，在攻占的每個國家、每座城市中，他都會召集最聰明的占星家、抄書吏、醫生、思想家、顧問，也就是任何可以為他的軍隊和成就效力的人。基於同樣目的，他的部隊行進時也都有翻譯官和審訊員相隨。

成吉思汗過世後，這樣的傳統被延續下去。雖然蒙古人看似只擅長作戰，但是他們也懂得善用接觸到的工匠、商人、學者、表演者、廚師、技藝純熟的工人。蒙古帝國同時以宗教自由聞名，最重要的是，它集思廣益而且融合各種文化。他們首度將檸檬帶入中國，也將中國的麵條引進西方世界。他們還把波斯地毯、德國採礦技術、法國金屬鑄造、伊斯蘭教等傳播到世界各地。徹底改變戰爭方式的大砲就是融會了中國彈藥、伊斯蘭噴火器和歐洲金屬加工的結果。蒙古人的開放學習和汲取新知把這一切匯集在一起。

一旦目標實現之後，我們會發現自己面臨新的處境和面對新的挑戰。剛獲得晉升的軍人必須學習政治；銷售業務要學習如何管理；創業者要學會如何分派工作；作家要學習怎麼編輯作品；喜劇演員要學習精進演技；主廚開店要知道如何把餐廳經營好。

沒有無害的傲慢。協助從事氫彈研發的物理學家約翰．惠勒（John Wheeler）曾經說過：「隨著我們的知識之島增長，我們的無知之岸也跟著擴張。」換句話說，每個讓成吉思汗變得更聰明的勝利和成就，也會讓他碰上從未遇過的新狀況。需要有謙卑之心才能領悟，即使你知道和理解的越來越多，你會發現知道的其實更少。蘇格拉底的智慧就在於他知道他其實一無所知。

隨著成就而來的壓力是我們要假裝自己知道的比真的知道的還要多。我們要假裝我們已經知道所有事情。知識膨脹。那就是危險和風險所在——以為我們很安穩，殊不知事實上理解和精進是一個流動和持續的過程。

九度獲得葛萊美獎和普立茲獎的爵士樂手溫頓．馬沙利斯（Wynton Marsalis）曾經建議一位充滿前途的年輕音樂家關於終身學習音學所需的心態：「謙虛會帶來學習，因為它會擊退讓人盲目的自大。它會讓你對事實保持開放的心，這樣你才能看見事實。你不會阻礙自己的道路……你知道要怎麼分辨一個真正謙虛的人嗎？我認為有一個簡單的測試：他們時時觀察和傾聽，虛心改進。他們不會假裝『我知道』。」

無論你此刻有多少成就，最好持續學習。停止學習，就停止前進。

不只要在剛起步的時候學習，而是必須一輩子都在學習。向每個人和每件事學習。向你的手下敗將學習，向贏過你的人學習，向你不喜歡的人學習，甚至向你視為假想敵的人學習。人生旅程上的每一步和每一個關卡，都有各種學習的機會——就算這樣的學習只是亡羊補牢，我們也不能讓自我蒙蔽而聽不見。

我們經常自以為聰明，待在舒適圈裡確保我們不會覺得自己很笨拙（不用重新學習和思考我們知道的事情）。它讓我們看不見理解力的各種弱點，直到要改變時已經為時已晚。這就是一種沉默的代價。

我們在磨練技藝的階段都會面臨一種威脅：自我就像是站在岩石上以歌聲蠱惑人心的塞壬海妖，會導致我們沉船。當我們相信自我說的「你已經學夠了」，學習就漸漸停頓了。這也是為什麼格鬥家法蘭克．森洛克會說：「總是保持學習。」學海無涯。

解決之道很簡單，儘管一開始令人不安：拿起一本你完全不熟悉主題的書。讓你自己身在一個你是其中懂最少的人的環境中。那種不安的感覺，那種因為內心的信念受到挑戰而升起的防衛感——刻意讓自己置身其中如何？改變你的心態，改變你周遭的環境。

半吊子的人總是充滿防衛。而專業者享受學習（甚至偶爾被指正）；他們樂於接受挑戰，謙虛學習，相信教育是一個持續且沒有盡頭的過程。

多數的軍事文化（和多數人）會想要把自己的價值和控制權強加在對手身上。蒙古人之所以與眾不同，是因為他們能夠客觀權衡情勢，若有必要的話願意去舊換新。所有偉大的企業也都是這樣開始的，直到發生了某件事。想想破壞式創新理論，它假設在某個時間點，每個產業都會被一些趨勢或創新給打破，儘管有無數資源，既存的利益也無法回應這樣的改變。為什麼會這樣？為什麼企業不能改變和適應呢？

主要是因為他們失去學習的能力。他們停止學習。當這樣的事情發生在你身上，你的知識就會變得脆弱易碎。

管理大師彼得・杜拉克曾說，光是願意學習還不夠。隨著人們的進步，他們必須要理解如何學習，然後循序漸進促進這樣的持續教育。否則我們註定會讓自己陷入自我所造成的無知。

別跟自己說故事

神話成為神話不是在活著的時候，而是透過重述。

——美國作家大衛．馬拉尼斯（David Maraniss）

從一九七九年開始，美式足球教練兼總經理比爾．沃爾希（Bill Walsh）帶領舊金山四九人隊，從足球界最糟糕的球隊，或者說是專業運動界中最遜的球隊，花了三年的時間拿下超級盃冠軍。當華許高舉龍巴迪獎盃（Lombardi Trophy）時，應該很想說，這場國家美式足球聯盟史上最快的逆轉勝一直在他的計畫之中。數十年後，當他撰寫回憶錄時，應該也很想寫下這樣的豪語。

這是一個迷人的故事。從他接管球隊、逆轉到脫胎換骨，都是持續不懈按照計畫來的。這一切都是如他所願——因為他就是那麼棒、那麼有能力。如果他真的說出這樣的豪語，沒有人會加以反駁。

但是他拒絕沉溺在這樣的幻想中。每當有人問他是否有贏得超級盃的時間表，你知道他怎麼回答嗎？他每次的回答都是「沒有」。因為當你接下一支這麼差勁的球隊時，抱持這樣的野心無異於妄想。

他就任前一年，舊金山四九人隊戰績是二勝十四敗。球隊士氣低落又渙散，連選秀權也拿不到，完全陷入敗戰心態。他上任第一季，他們又輸了十四場比賽。他不確定自己撐得下去，隔年差點想要辭職不幹。然而，接手二十四個月之後（萌生退意後一年），他搖身一變成為超級盃冠軍的「天才」。

這是怎麼發生的？怎麼會沒有在「計畫」中？

答案是，當比爾．華許接手球隊後，他並沒有把重心放在贏球。相反的，他實行他所謂的「表現標準」（Standard of Performance）：**該做什麼、何時要做、怎麼做**。華許只設定了一個時間表，在最基本的層面，以及適用於整個球隊，目標則是如何把這些標準灌輸給球團成員。

他重視看似無關緊要的小事：球員不可以在練習場上席地而坐；教練必須打領帶、襯衫要塞進褲子裡；每個人都必須全心投入；保持運動家精神；更衣室必須維持整潔；不准抽菸、打架、罵髒話；四分衛要知道在哪裡以及如何持球；線鋒要接受三十次敏捷訓練；傳球路線要監控且誤差以吋計；練習時間以分鐘安排。

如果你以為這一切都是為了控制，那就錯了。「表現標準」是為了養成優秀的選手。這些看似簡單卻要求嚴格的標準，遠比偉大的目標或掌權來得重要。在華許看來，如果球員在乎這些細節，「成功就會自己達陣」。勝利就會誕生。

華許有足夠的堅強和自信，他知道這些標準最終會帶來勝利。他也有足夠的謙虛，知道勝利何時會到來不是他可以預測的。它來得比歷史上任何教練指導的球隊都快嗎？確實，這是球場上的一個偶然機會。然而這不是因為他的遠見。事實上，在球賽第二季時，有個教練曾經向老闆抱怨說華許太在意細節，沒有贏球的目標。後來華許開除了這個打小報告的教練。

我們都渴望相信那些建立起偉大帝國的人是「一開始就打算」要大展身手。為什麼呢？因為這樣我們才能沉溺在自己的美好計畫中。如果真的美夢成真，財富和名望來到，我們就可以說都是自己的功勞。當你回首那段不可能或難以想像的來時路，你會說：我早就知道會成功。而不是說：我希望。我努力。我得到一些好機會。甚至是：我認爲我**可能**會成功。當然，你並非真的知道你會成功——若你知道，那也是信念而非知識。可是誰會想要記得所有那些自我質疑的時刻？

為過去的事件編造故事是人之常情。但是這麼做很危險，也不是真實的。編寫自己的故事會導致傲慢自大。它把我們的人生變成故事，把我們變成了漫畫，可是我們還是必須實際過生活。如同作家托比厄斯・沃爾夫（Tobias Wolff）在小說《學腐》（*Old School*）中所寫的，這些解釋和故事「後來混為一談，或多或少是真誠的，然後故事被重複多次以後，它們戴上了記憶的徽章，阻礙了所有其他探索的道路」。

比爾・華許知道，確實是「表現標準」（看起來像小事的事）讓整個團隊脫胎換骨和贏得勝利。只不過用這個當新聞標題實在太無趣了。這也是為什麼當人們稱他是「天才」時，他無動於衷。

接受這樣的頭銜和故事並非全然無害的個人滿足。這樣的敘事不會改變過去，但是它們會對未來造成不好的影響。

過沒多久，他的球員就因為驕傲自滿而嚐到苦頭。就跟我們大多數人一樣，他們想要相信能贏得不可能的勝利是因為自己與眾不同。在首度贏得超級盃之後，接下來兩季他們輸得一塌糊塗，二十二場比賽中輸了十二場。當你過早相信自己充滿力量，而其實你根本還無法控制那些力量時，就會發生這樣的事。當你開始認為能夠快速成功是因為你自己的本領，也開始疏於努力和維持原本能帶來成功的標準，就會發生這樣的事。

直到球隊全心全意再度遵守「表現標準」，他們才又開始得勝（十年內拿到三次超級盃冠軍，九度獲得區域或組別賽冠軍）。唯有當他們停止編造故事，專注於手邊的任務，他們才開始像之前那樣打勝仗。

還有另一個原因：一旦勝利之後，所有人的槍口都對著你。當你站在最高點的時候，也是你最不能陷入自我的時候——因為風險太高，誤差範圍變得更小。無論如何，傾聽、接受建議、持續進步和成長比以往任何時候都更重要。

事實比故事和形象來得更好。二十世紀金融家伯納德・貝魯克（Bernard Baruch）說得對：「別妄想買低賣高。那是做不到的——除非是騙子。」所以人們說他們在市場上怎麼操作很少是可信的。亞馬遜創辦人傑夫・貝佐斯（Jeff Bezos）也談到這樣的誘惑。他提醒自己，不管他在自己的媒體剪報中看到什麼，在他數十億美元的產業中，「沒有突然開竅的時刻」（no aha moment）。創辦公司、在市場上獲利，或者想出一個點子，過程都是很多小事的累積。把它簡化成一個回溯過往的敘事，創造了一個從來不存在且將來也不會存在的思路。

當我們在追求目標時，必須抗拒從別人的故事中去反向分析成功的原因。當我們有了自己的成就，必須抗拒假裝一切都是照著自己的計畫開展。沒有偉大的敘事。你要記住，你就是見證者。

幾年前，Google的一位創辦人在一次演講中提到，他判斷一家公司和企業家是否具有潛力的方法，是問他們「是否想要改變世界」。這樣的雄心壯志沒有問題，只不過Google並不是這樣開始的；它的創辦人賴利·佩吉（Larry Page）和謝爾蓋·布林（Sergey Brin）當時只是兩個忙著寫論文的史丹佛博士生。Youtube也不是這樣開始的；它的創辦人沒有想要改造電視，他們只是試著分享有趣的影片。事實上，多數真正的財富都不是這樣創造出來的。

數十年後，創業教父保羅·葛蘭姆（Paul Graham，投資了Airbnb, reddit, Dropbox等網站）在華許待過的城市工作。他明白告誡新創公司，千萬不要太早就滿懷雄心壯志。當然，身為一個資本家，他想要投資能顛覆產業、改變世界的公司，因為那是賺錢的地方。他希望他們有「過人且志向遠大」的點子，但是他解釋說，「要做真正的大事得從看似微不足道的小事開始。」意思是，不要出於自我而做出直球攻擊；相反的，先從小賭注開始，一路向前隨時衡量自己的野心。他的另一句名言在這裡也很適用：「把自己看小一點。」重點在做事和做事的原則，而不是可以上頭條的華麗願景。

拿破崙把刻有「致命運」（To Destiny!）字樣的婚戒送給妻子。他始終相信命運，以此合理化他最大膽無畏又野心勃勃的想法。這也是為什麼他一再貪功致敗，最終落得離婚、被放逐、打敗仗、惡名遠播。哲人塞內卡提醒我們，偉大的命運只會使人淪為奴隸。

相信別人說的「天才」字眼很危險，更危險的是狂妄自大認為自己真的是天才。生涯裡的任何標籤也是如此：因為我們做了某件事，我們就突然變成了「電影製作」、「作家」、「投資人」、「企業家」、「執行長」？這些標籤不僅與事實不符，也不是一開始讓你得以成功的真正方法。我們可能以為成功的未來必然是故事接下來的篇章，但其實成功源於不斷努力、創造、堅持不懈和運氣。

Google背離它自己的根源（把遠見、潛力和科學與科技實力混為一談）讓它很快就蹣跚難行。事實上，Google Glass和Google Plus的失敗就是一個證明。這樣的例子很多。藝術家經常認為「靈感」或「痛苦」有助他們的藝術和創作，而非努力工作和真心投入，而最終他們會發現自己無法向上或根本走錯了方向。

不論我們做什麼都是同樣道理。相較於假裝自己活在偉大的故事中，我們必須專注於執行，用最好的方式去執行。我們必須摘下虛假的皇冠，繼續做能夠把我們帶到現在這裡的行動。

因為唯有如此我們才能繼續站在這裡。

對你來說什麼是重要的？

知道你喜歡什麼是智慧和年長的起點。

——蘇格蘭小說家羅伯特．路易斯．史蒂文森（Robert Louis Stevenson）

南北戰爭結束之後，格蘭特和好友薛曼成為美國最受推崇的兩位大人物。他們是北方聯邦得勝不可或缺的兩大支柱，國家為了感謝他們，於是決定——只要你還活著，不論你喜歡什麼都給你。

擁有這樣的自由處置權，薛曼和格蘭特的選擇卻南轅北轍。前面介紹提到過薛曼討厭政治，屢次婉拒競選白宮大位。他告訴他們：「我已經得到我想要的所有官階。」他似乎掌控了他的自我，後來退休長居紐約，過著在各方面來說都幸福滿足的生活。

而格蘭特原本對政治也不表示興趣，事實上他能夠勝任將軍一職正是因為他不知道怎麼操弄權術。但是後來他卻選擇角逐總統寶座。選舉結果是他獲得壓倒性的勝利，然而在他任內是美國歷史上最腐敗、衝突不斷，也最沒有施政效能的一段時期。他是一個名符其實的忠誠好人，天生就不適合華盛頓明爭暗鬥的世界，所以很快被淘汰了。熬過兩屆任期，他離開時毀譽參半且爭議不斷，連他自己都訝異情況怎麼會變得這麼糟糕。

卸任之後，格蘭特幾乎傾注家產與充滿爭議的投資人費迪南德．沃德（Ferdinand Ward）合夥開了一家金融經紀公司。沃德可以說是他那個時代的伯納．馬多夫（Bernie Madof），一手策劃了騙局，讓格蘭特公然破產。薛曼語帶同情與理解地描述這位朋友，他說格蘭特「想要與百萬富豪匹敵，而他們願意以全部身家去贏得格蘭特的任何一場戰役」。格蘭特成就等身，但是對他來說還不夠。他無法決定什麼對他來說是真正重要的。

事情似乎就是這樣：我們總是不知滿足，我們想要別人所擁有的。我們想要擁有比別人更多。一開始我們明白什麼對我們來說是重要的，可是一旦達到目標，我們就忘了自己的優先順序。自我讓我們動搖了，甚至會毀了我們。

格蘭特為了榮譽感承擔起公司所有債務，他把無價的戰爭紀念品做為抵押拿到貸款。身心俱疲的他在人生最後幾年的時間裡，一邊與痛苦的喉癌奮戰，一邊盡力完成回憶錄以便他死後家人可以有個維持生計的依靠。最後他總算勉強完成了。

想到這位英雄耗盡了生命力量就讓人不寒而慄，他在懊惱與挫敗中於六十三歲便不幸辭世，這位正直誠信的人就是無法克制自己，無法專心致志，最終結果遠遠超過他自己的能力所及。如果那些年他不走上那條路會如何？，美國會有所不同嗎？他可以做到與成就更多其他事嗎？

就此而言，格蘭特並非例外。我們經常不假思索就說好，或許基於莫名的吸引力，或許出於貪婪和虛榮。因為我們沒辦法說不——因為如果我們拒絕的話可能會錯過什麼。我們認為說「好」會讓我們得到更多，但是事實上它會阻礙我們真正想要追求的。我們浪費寶貴人生做我們不喜歡的事，只為了向我們不喜歡的人證明什麼、得到我們不想要的東西。

為什麼我們會這麼做？嗯，現在答案很明顯了。

自我會導致妒忌，它會消磨我們的身心，無論大人物或小百姓。自我迷惑它的主人，動搖偉大傑出的表現。

我們多數人一開始都很清楚自己想要什麼。我們知道什麼對我們來說是重要的。當成功來臨時，尤其當它來得早或來得多時，會讓我們處在一個不尋常的情境。因為現在，突然間，我們站在一個新的地方，不確定自己的方向。

在通往目標的道路上，不論是什麼目標，你走得越遠，就會越常遇見讓你自歎不如的其他成功人士。不管你有多麼出色，你的自我和他們的成就會讓你覺得自己什麼都不是；正如其他人也會這麼想。這是一個無止無盡的循環……但是人生卻很苦短，機會也很短暫。

所以我們會在不知不覺中想要跟上其他人。但是如果不同的人有不同的前進理由呢？假如人生不是只有一場比賽呢？

那正是薛曼對格蘭特的描述所要傳達的。就像《聖賢的禮物》（*Gift of the Magi*）[2]隱含的諷刺，我們苦苦追求無法真正帶來快樂的東西。到最後，也成了一場空。如果我們可以的話，都要停下來想一想。

沒錯，競爭是人生很重要的動力。競爭推動了市場發展，競爭也是有些人類最驚

2 譯注：故事講述一對貧窮的夫妻各自犧牲自己最珍愛的東西購置耶誕節禮物給對方。

人的成就背後的驅動力。然而，在個人的層面，重要的是你必須知道自己在和誰競爭，以及為什麼要競爭，你必須很清楚自己處在怎樣的場域。

只有你知道自己在什麼樣的賽道上——除非你的自我決定了你唯一的價值所在就是比每個地方的每個人都更好、擁有更多。更加重要的是，我們每個人都有獨一無二的潛力和目標，那表示我們是唯一可以評斷和定義自己人生的人。可是太多時候我們看著別人，希望他們認同我們想要達成的標準，而結果就是白白浪費了自己的潛力和目標。

根據塞內卡的說法，希臘文 *euthymia* 一詞是我們應該經常思考的：意思是，我們自己的道路以及如何走在這條道路上，沒有被其他迷失的人給誤導了。換句話說，重點不是打敗其他人。不是比其他人擁有更多。而是做自己，盡可能做到最好，沒有屈服於將你拉離正軌的其他事情。往你出發的目標前進。對於你所選擇的事情，盡你所能。就是這樣。不多不少。（順帶一提，*euthymia* 的意思是「寧靜」。）

是時候坐下來好好思考對你來說真正重要的是什麼，然後放開其他的東西。否則成功將不會是令人快樂的，或者不會是完滿的。甚至更糟的是，無法持續。

這個道理尤其適用於金錢。要是你不知道自己需要多少錢，預設值就很容易變成：越多越好。如此一來，未經思考之下，一個人會與他的職志漸行漸遠，只想著要賺大錢。因為抄襲風波而名譽掃地的記者喬納・雷爾（Jonah Lehrer）回顧過去的失敗時說道：「當你有野心卻沒有安全感，你就無法對任何事說不。」

自我拒絕妥協。為什麼要讓步？它想要**全部**。

自我要你欺騙你深愛的伴侶，因為你想要你已經有的**和**你沒有的。自我要你跳進另一個領域，儘管你才剛掌握了手邊這個工作的訣竅。最終你想要的太多了，想做的也超出你的能力範圍。我們就像《白鯨記》裡的亞哈船長，為了我們甚至不知道的原因，瘋狂追逐大白鯨莫比・迪克。

也許對你來說金錢是最重要的。或者也許是家庭。或者你想要影響或改變世界。或者是建立一個永續的組織，或是有特定宗旨。這些都是很好的動機。但是你必須有清楚的認知。你必須知道自己不想要什麼，知道你的選擇會排除了什麼。因為各種策略往往是互相排除的。你不可能是歌劇名伶又是青少年偶像。人生需要這些妥協和權衡，可是自我無法允許這樣。

為什麼你會做你現在正在做的事？這是你必須回答的問題。努力思考，直到找出答案。唯有如此你才會知道什麼重要、什麼不重要。唯有如此你才能夠說不，能夠退出愚蠢又不重要，甚至不該存在的比賽。唯有如此你才能夠不看那些「成功」的人，因為多數時候他們其實都不是成功的，不管對你或對他們自己來說。唯有如此你才能夠建立起塞內卡所說的寧靜的信心。

你做的越多和擁有的越多，你就越難忠於自己的目標，但是忠於目標也就益加重要。每個人都相信「只要我擁有什麼」（通常是別人擁有的東西），我就會心滿意足。可能要吃虧幾次之後我們才會明白，原來這樣的幻想不過是一場空。我們有時候會發現自己忙於什麼計畫或職責，卻不知道為什麼我們會在那裡。你需要勇氣和信念才能阻止你自己。

你必須知道為什麼你在追求你所追求的。不要理會擾亂你腳步的人。就讓他們去渴望你所擁有的，而不是你渴望他們擁有的。這樣才是真正的自主。

「覺得自己有資格」、控制慾、偏執多疑

神經即將崩潰的癥狀之一，是相信自己的工作極度重要。

——英國哲學家伯特蘭．羅素（Bertrand Russell）

波斯帝國的國王薛西斯一世在率軍入侵希臘期間橫渡赫勒斯邦海峽（Hellespont），當時水流湍急，沖毀了他的工兵花了好幾天時間建造的橋梁。於是他把鍊條丟進水中，命人鞭打河水三百下，再處以烙刑。他手下的人一邊執行懲罰，一邊奉命斥責：「你這不知好歹的河流，你的主人賜這個懲罰給你，因為他沒有傷害你，你卻傷害他。」對了，後來他還把建橋的人給砍頭了。

偉大的歷史學家希羅多德（Herodotus）稱這種行為是「放肆」，這樣說或許是輕描淡寫了。應該用「荒謬」、「異想天開」來形容更加貼切。話說回來，這是薛西斯

一世性格的一部分。在這次事件前不久，為了鑿穿通道，他還曾經寫了一封信給鄰近的一座山：儘管你山勢險峻，但不要妄想阻礙我，否則我就把你挖去填海。

實在可笑吧？更重要的是，很可悲吧？

可惜像薛西斯這樣的妄想性威脅在歷史上並非例外。伴隨成功而來的，尤其是有了權力之後，最大也最危險的妄想是：「覺得自己有資格」、控制慾，以及偏執多疑。

希望你還沒有瘋狂到如此程度，開始把沒有生命的東西擬人化，甚至施加懲罰。也幸好這樣純粹可辨的瘋狂並不常見。更可能也更常見的情況是，我們開始會高估自己的權力。然後我們會迷失方向。最終我們會像薛西斯一世那樣，成為一個大笑話。

「最毒的毒藥，來自凱撒的桂冠。」詩人威廉．布萊克（William Blake）寫道。成功在我們身上施了魔咒。

問題一開始就存在於可以讓我們邁向成功的那條道路上。我們能夠有所成就往往需要展現原始的力量和意志力。創業和藝術都需要從無到有加以開創。累積財富意味著打敗市場和賠率。運動冠軍證明了他們的體能比對手優越。

要達到成功也必須能夠不理會各種懷疑和周遭人的反對。那表示要拒絕被拒絕。

那表示需要一定程度的冒險。我們可能在任何時候都會放棄，但是我們能夠站上成功正是因為我們沒有放棄。面對可笑的失敗機率時，堅持和勇氣看起來有點像是不理性的特質——在某些案例中真的是不理性。但是當成功了，這些傾向就被證明是對的。

為什麼是對的？我們認為，既然已經成功了（這個世界或多或少被改變了），我們現在擁有一種神奇的力量。我們會成功，是因為我們比較強大、比較強勢、比較聰明。我們實現了我們所擁有的。

豆豆娃（Beanie Babies）[3]的創始人泰．沃納（Ty Warner）在毀掉自己打造的億元企業前，曾經無視一個員工的謹慎反對，自誇地說：「我可以把我們的商標貼在糞堆上，照樣有人買單。」結果他錯了。他的公司不但慘敗收場，他自己也差點被關進牢裡。

無論你是億萬富豪、百萬富翁，或者只是少年得志的小伙子。讓你走到這一步的那種完全又徹底的確信，一不小心的話就會變成一種負擔。還有讓你想要追求更好生活的那些需求和夢想？讓你加倍努力的野心抱負？這些一開始都是最重要的驅動力，

3 譯注：也叫做豆豆公仔，一種用豆狀聚氯乙烯材料做為填充物的絨毛玩具，曾在歐美掀起收藏風潮。

可是一旦加以放任就會變成狂妄自大和覺得自己理所應得。同樣情況也適用於覺得自己應該掌控一切；然後看看現在你變成了控制上癮。你是不是也努力想要證明懷疑你的人是錯的？歡迎偏執上場。

沒錯，成功後的新生活除了責任，當然也會有壓力和痛苦煎熬。你要管理的所有事情、應該更明白事理的人所犯下的令人懊惱的錯誤、不斷增加的責任——沒有人教我們要怎麼做好準備，這也讓一切都更難處理。應許之地應該讓人感到快樂，而非更加沉重。但是你不能讓這些高牆慢慢將你包圍。你必須控制自己和你的感覺。

亞瑟·李（Arthur Lee）是美國獨立戰爭時期奉派前往英法的外交官之一，他沒有抓住機會與外交官同僚席拉斯·迪恩（Silas Deane）和班傑明·富蘭克林好好共事，反而忿忿不平又討厭他們，懷疑他們不喜歡他。最後是富蘭克林寫了一封信給他（可以的話我們都應該看看這封信）：「如果你不改一下這樣的脾氣，遲早會失去理智；那是一種病兆。」或許是因為富蘭克林懂得控制自己的脾氣，他認為寫信已經足以宣洩自己，所以沒有把信寄出去。

如果你聽過理查·尼克森（Richard Nixon）總統的白宮辦公室談話錄音，你也會聽出同樣的問題，而你會希望有人曾經寄這樣一封勸誡信給他。看到一個人不僅無法好好做到他有權去做的事，也無法善盡他的職責（為人民服務）和看清現實本身，實在令人覺得遺憾。他原本充滿自信，最後卻深陷恐懼和憂慮。他說服部屬，拒絕與他信念相左的訊息和建議。他住在一個沒有人可以反對他的泡泡裡，就連他的良知也無法反對他。

溫菲爾德．史考特將軍（Winfield Scott）曾經寫信給當時美國的戰爭部部長傑佛森．戴維斯（Jefferson Davis）。戴維斯經常拿微不足道的小事挑釁史考特。原本史考特不加理會，但是最後被逼得不得不處理，他寫說他很同情戴維斯，「被激怒的愚蠢之人總是令人同情，他打擊別人卻只是傷到他自己。」

自我是它自己最可怕的敵人。它也會傷害我們愛的人。家人朋友同樣深受其害。顧客、支持者和客戶也會受影響。一位評論拿破崙的專家指出：「他想要贏得國家的讚賞，卻又看不起它。」他視法國人民不過是他操控的棋子，他比他們更優秀，而除非他們臣服、無條件支持他，否則都是與他為敵。

聰明的男男女女必須時時提醒自己，力量和成就都有其極限。

「覺得自己有資格得到」的人會認為：這是我的，是我掙來的。同時他們會認為別人微不足道，因為他們無法像珍惜自己的時間一樣珍惜別人的時間。他們會高談闊論、振振有詞，弄得共事者精疲力竭，別無選擇之下只好同意。他們會誇大自己的能力，樂觀評估機會，創造出可笑的期待。

控制慾則會說：一切都要照著我的方式做，就連無關緊要的小事也不例外。這會變成讓人無法正常運作的完美主義，或者無數無意義的爭鬥只為了施展自己的影響力。它會讓提供協助的人疲憊不堪，尤其是不會拒絕的人，直到他們被逼到臨界點。我們跟機場櫃檯的服務人員爭執、跟電話客服人員吵架、跟評估我們要求的代理爭吵，為的是什麼？事實上，我們掌控不了天氣、掌控不了市場，也掌控不了其他人。

偏執多疑的人則是誰都不相信：我這麼做是為了自己，也完全是靠自己。別人都是傻子。不過只是專注於我的工作、我的責任和我自己還不夠。我必須暗中策畫各種計謀——在他們解決我之前先解決他們；讓他們不會看不起我。

每個人都曾經碰過這樣的老闆、伴侶、父母。想想所有那些爭吵、生氣、混亂和衝突。為什麼會變成這樣？下場又會如何？

「你害怕什麼，什麼就會成真。」塞內卡寫道。身為政治顧問，他見證了最高位者因偏執而自毀前程。

一個可悲的反饋迴路是：持續的「自我中心」會讓別人看不起我們、與我們為敵。他們看出了這種行為的本質：是掩飾脆弱不安的面具。偏執的人急欲保護自己，反而帶來他們想要避免的損害，讓自我成為幻想和混亂失序的囚徒。

這是你所嚮往的成功之後的自由嗎？應該不是。

那就別執著了。

管理你自己

光有偉大的特質還不夠；我們也應該能夠掌控它們。

——法國思想家拉羅什福柯（La Rochefoucauld）

一九五三年，總統就職典禮遊行結束後，初上任的德懷特·艾森豪（Dwight D. Eisenhower）很晚才回到白宮。當他走進行政官邸，白宮總管家把當天稍早寄達的兩封上頭寫著「機密文件」的信遞給他。艾森豪的反應很直接，「不要把密封的信交給我，」他堅定地說：「那是我僱請員工做的事。」

聽起來很勢利？當上總統就被沖昏了頭？

不是這樣的。艾森豪從這件事裡發現了一個重要問題：組織不善和失能的症狀。並非每件事都要透過他處理。誰來決定信件的重要性？為什麼沒有人先檢查過濾？

身為總統，他的首要之務是把行政部門組織成一個運作協調、能夠發揮功能、根據規則行事的單位，就像軍隊一樣——並不是因為他不想自己做，而是因為每個人各司其職，他信任部屬且願意賦權。正如他的幕僚長後來說的：「總統處理最重要的事務。我負責次要的事。」

在大眾的印象裡，艾森豪常打高爾夫球。事實上，他從來沒有懈怠職務，他之所以有空閒運動，是因為他紀律嚴明、管理有方。他明白緊急並不等於重要。他的職責是決定事情的優先順序和大方向，然後相信底下的人會確實執行他們被賦予的任務。

我們多數人都不是總統，甚至連公司總裁也不是，但是當我們沿著生命的階梯往上爬時，讓我們可以走到這一步的做事方式和工作習慣，不必然會適用於現在。在充滿抱負或尚未成功的階段，我們可以有自己獨特的方式，我們可用努力加上小小的運氣來彌補缺乏組織。這樣並不會有損專業。然而實際上如果你沒有成長和發展組織，最終會往下沉淪。

相較於艾森豪在白宮的領導作風，離開通用汽車（GM）自創未來汽車品牌的約翰．德羅寧（John DeLorean）及其聲名狼藉的公司，是一個很大的對比。距離他的公司驚人垮台至今已經過了好幾十年，認為德羅寧只是走得太前面才會失敗的想法情有可原。事實上，歷史上不乏這樣大起大落的故事：渴求權力的自戀狂自毀前程，過程中還連累別人損失數百萬美元。

德羅寧相信通用汽車重視紀律和規則的文化，阻礙了像他這樣充滿偉大創造力的人。所以當他創立自己的公司以後，他刻意反其道而行，打破傳統智慧和商業經營實務。但是結果並非是德羅寧天真想像的沒有限制、充滿創意的殿堂，而是淪為傲慢又爭權奪利、功能不彰，甚至腐敗的組織，被自己的包袱給壓垮，最終導致詐欺和犯罪行為，虧損兩億五千萬美元。

由於從上到下都缺乏管理，尤其是上位者的問題，所以德羅寧在開發汽車和經營公司上落得兩頭空。德羅寧本身就是最大的問題。相較於艾森豪，雖然兩人同樣努力不懈，但是結果卻有如天壤之別。

正如一位經理人所言，德羅寧「有能力可以看出好的機會，卻不懂得如何付諸實現」。另一位主管形容他的管理風格像是「追逐五彩的氣球」——他總是會被分心，為了那個計畫而放棄這個計畫。他是個天才。可惜的是，光有天賦是不夠的。

德羅寧在無意間打造出一個自我橫行的文化。他相信自己理所當然會成功，不接受紀律、組織、策略規劃的概念。員工沒有接受到足夠的指引，然後有時候又有一大堆瑣碎的指示。德羅寧沒有辦法下放權力，除非是給那些唯命是從更甚實力和技術的人。更糟糕的是，他經常遲到或心不在焉。

公司主管可以花公司的錢從事業餘活動，尤其是有利他們老闆的私人計畫更是受到鼓勵，不過代價則是犧牲公司的利益。身為執行長的德羅寧經常對投資人、同事、供應商扭曲事實，這樣的惡習蔓延整個公司。

就像許多被利益薰心的人，德羅寧的決策沒有考量到效率、管理和責任。他原本想要改善通用汽車僵固的制度，但他似乎把規則也都給拋棄了。接續而來的就是混亂失序，沒有人遵守規則，沒有人負責，而且完成的事情很少。公司沒有快速倒閉的唯一原因，是德羅寧擅長公關操作——這項能力串起了整個故事，直到生產線上產出第一部問題車輛。

不意外地，他們的汽車很糟糕。賣相不佳、成本高於預算、沒有足夠的代理商。他們沒辦法把車子送到經銷代理處。整個發行是一場災難。德羅寧的汽車公司從此一蹶不振。

誰知道呢？偉大的領導人不好當。

德羅寧無法管理他自己，也無法管理其他人。所以他失敗了，不論他自己或他的夢想。

管理？所有創造力和新點子就得到這樣的回報？成為管理的人？沒錯——最終，我們都要面對成為原本我們所對抗的那個管理者。然而，我們經常做出任性的反應，寧願心想：**現在輪到我當家作主了，事情將會變得不一樣！**

想想艾森豪。他可是一國之主，全世界最有權勢的人。他大可反其道而行，照他喜歡的方式做事。假如他做事沒有條理，人們也只能接受和處理（過去有很多這樣的總統）。但是他沒有這麼做。他明白國家需要紀律和責任。這比他自己的考量更重要許多。

對德羅寧來說，遺憾的是，跟許多有才能的人一樣，他的點子很完美。他的車子是令人眼睛為之一亮的創新。他的模式本來應該可以成功。他擁有資源和能力。是他的自我和由此導致的管理不善，讓他無法把所有這些優勢組合在一起——就像我們許多人一樣。

當你在你的領域有所成就之後，你的責任也會變得不一樣。日子變得越來越少是在**做事**，更多是關於做決策。這就是領導的本質。這樣的轉變需要重新檢視和更新自己的認同。需要一定程度的謙卑，放下過去工作中更令人愉快和滿足的部分。接受其他在你認為你足以勝任的領域中更有資格或更特別的人——或者至少說他們比你更適合把時間花在做這樣的事情上。

沒錯，持續掌握每件小事會更有趣，被視為是可以救火的人也會讓我們覺得自己很重要。這些小事很容易處理，也很容易讓人獲得成就感，但是看清楚大方向就比較困難。做決定不有趣，但那是你的職責。假如你不去思考大方向（因為你忙著做工頭），誰會去思考？

當然，沒有所謂「正確的」方式。有時候比較適合分散管理，有時候則要有嚴明的層級。每個計畫和目的都需要依據所要完成的事情制定最適合的方式。或許一個創新、鬆散的環境對你正在做的事情最有利。或許你可以遠距遙控你的事業，或者每個人都面對面相處比較好。

重點是在你的產業活活吃掉你之前，學會管理你自己和別人。連細節都要管的人往往是無法管理別人的自我中心者，他們很快就會超載。還有那些充滿領袖魅力的夢想者，當問題來到實際執行，他們就會失去興趣。更糟的是那些讓自己身邊充滿唯命是從或阿諛奉承的人，他們會把問題清理掉，創造出一個讓他們甚至看不清楚自己、與現實已經脫節的泡泡。

責任會讓人需要重新調整，然後提升理解和目標。首先，訂出組織和你人生的最高目標與優先順序。接著，確實執行，觀察反省。創造成果，也只有成果可以被創造出來。

俗話說：「魚從頭開始腐爛。」[4]（A fish stinks from the head.）嗯，現在你已經是那個魚頭了。

4　譯注：引申有「上樑不正下樑歪」的意思。

小心「大頭症」

如果我不為自己，誰會為我？而只為自己，我又是什麼？

——希列長老（Hillel）

第二次世界大戰期間，同盟國有不少偉大的將軍，像是巴頓（George S. Patton）、布雷德利（Omar Nelson Bradley）、蒙哥馬利（Bernard Montgomery）、艾森豪、麥克阿瑟、朱可夫（Georgy Konstantinovich Zhukov），還有喬治・馬歇爾（George Catlett Marshall Jr.）。儘管他們都為國家效力、驍勇善戰，但是其中一位與眾不同。

今日我們看待二次世界大戰，就是正義的一方無私結盟以對抗邪惡一方的戰爭。問題是打了勝仗和隨著時間經過，已經模糊了站在對的那一邊的人的人性。也就是說：我們忘記同盟軍之間的政治角力、暗箭傷人、覬覦目光焦點、裝腔作勢、貪婪，以及被撕開的遮羞布。當其他將領忙著鞏固自己的勢力範圍，彼此爭權奪利、夢想名垂千古時，有個人幾乎不屑於此道：喬治・馬歇爾將軍。

更加令人欽佩的是，馬歇爾很快以他自己的成就超越他們。他的成功祕訣是什麼？

曾經帶領洛杉磯湖人隊和邁阿密熱火隊贏得多次冠軍的知名教練兼經理人帕特・萊利（Pat Riley）說過，偉大的球隊往往會遵循一定的軌跡。當他們剛開始的時候（還沒有贏球之前），只是一個單純的團隊。天時地利人和之下，他們一起努力，彼此齊心協力朝共同目標前進。他稱這個階段是「純真的攀升」（Innocent Climb）。

當一個球隊開始贏球，有了媒體的關注之後，將各個球員凝聚在一起的簡單連結會逐漸磨損。球員們會計算自己的重要性。信心膨脹。挫敗感油然而生。自我也跟著出現。帕特・萊利表示，「純真的攀升」之後總是伴隨著「大頭症」（Disease of Me）。它會「在任何時候擊垮任何勝利的退伍」，這是一個令人擔憂的常見現象。

這樣的症狀會造成像是俠客歐尼爾（Shaquille O'Neal）和柯比・布萊恩（Kobe Bryant）不合。或者是麥克・喬丹（Michael Jordan）揍了自己的隊友史蒂夫・科爾

（Steve Kerr）、霍雷斯．格蘭特（Horace Grant）和威爾．普度（Will Perdue）。他打了自己隊上的人！還有安隆（Enron）企業的員工為了一己私利而造成加州大停電。或者不滿公司的主管向媒體爆料只為了破壞自己不喜歡的計畫。甚至是為了引起注意和各種其他恐嚇的策略。

對我們來說，大頭症始於我們開始覺得自己比別人更好，我們很特別，我們的問題和經歷跟別人完全不一樣，所以沒有人可以理解。正是這樣的態度讓比我們更厲害的人、團隊、目標都落敗了。

一九三九年德國入侵波蘭那一天，也是馬歇爾開始擔任美軍參謀長的日子，直到二戰結束他都堅守崗位，而我們則見證了上述那種自大傾向在歷史上的少數例外。馬歇爾從未染上大頭症，在很多方面他也讓自以為是的人感到羞愧。

在軍中多數人都汲汲營營於升官，可是馬歇爾對軍階保持平常心。

他並不是完全放棄階級或地位象徵的人。舉例來說，他堅持要總統稱他是馬歇爾將軍，而不是直呼他喬治。（他應得的，對吧？）然而當其他將領經常遊說爭取晉升之際——麥克阿瑟將軍在戰前幾年獲得升遷主要是由於他母親積極施力——他卻主動拒絕。當眾人想要把馬歇爾推上參謀長一位，他卻加以推辭，因為「那會讓我在軍中太醒目。事實上，是太醒目了」。後來白宮打算通過提案晉升他為陸軍元帥，也被他拒絕了，不只因為他覺得「馬歇爾元帥」（Field Marshal Marshall）聽起來很滑稽，也因為他不想要僭越他的導師約翰・皮爾辛將軍（John J. Pershing），當時皮爾辛已經命在旦夕，而他一直是馬歇爾的指引方向。

你能夠想像嗎？在所有這些情況中，馬歇爾的榮譽感就是拒絕榮譽，而且往往將榮耀歸於他人。就像一般人，他也想要榮譽，但是他希望是以正確的方式獲得。更重要的是，不管擁有榮耀有多美好，沒有榮耀他也可以做到，而這可能是其他人做不到的。自我需要榮耀來證明自己。另一方面，自信則能夠等待和專注於自己的任務，不管外部的認同。

在我們生涯的早期，或許可以比較容易做出這樣的犧牲。我們可以從名校輟學開始創業。或者我們也可以忍受偶爾被檢驗。可是一旦嚐到成功的滋味，我們的心態就會馬上轉換成「得到屬於我的東西」。現在突然間獎賞和認同變得很重要了，即使那並不是讓我們可以走到這裡的驅動力。我們**需要**財富、頭銜、注目焦點，不是為了團隊或目標，而是為了我們自己。因為那是我們努力得來的。

讓我們釐清一件事：我們從來沒有權利可以貪婪，可以犧牲別人來追求自己的利益。這麼想除了很自我中心，也會產生反效果。

馬歇爾將軍面臨過最極端的考驗。他訓練自己一輩子要得到的任務，眼看就近在眼前：在世上規模最大的聯合入侵中，指揮軍隊於作戰日進攻。羅斯福總統告訴馬歇爾，只要他想要，這個任務就是他的了。一個將軍在歷史上的地位就看他的戰績，所以儘管華府需要他，但是羅斯福總統還是希望給他機會指揮作戰。馬歇爾沒有接受。「一切由您決定，總統先生；我的希望和這個問題無關。」結果這個機會和榮耀落到艾森豪手中。

結果事實證明，艾森豪是最適合這個任務的人。他的表現無懈可擊，協助同盟國打了勝仗。你說這樣的讓步值得嗎？

然而，我們經常不願意這麼做；我們的自我拒絕接受我們只是扮演其中一小角的更大任務。

我們要怎麼做？讓別人贏過我們嗎？

作家雪兒．史翠德（Cheryl Strayed）曾經對一位年輕讀者說：「你將要成為你想要成為的人，那麼你不妨就不要當個混蛋。」這是成功最危險的諷刺之處——它會讓我們成為我們原本不想成為的那種人。大頭症會讓多數「純真的攀升」墮落。

馬歇爾的軍旅生涯中，有一位將領對他很不好，基本上就是把他放逐到一個無名的派駐點。後來馬歇爾的階級勝過對方，大有機會可以報仇。但是他沒有這麼做。因為無論對方有什麼過錯，馬歇爾認為他還是有用處，失去他會是國家的損失。這樣克制自我有什麼好處呢？只是做好了另一項任務，沒有其他。

我們可以用一個現在很少人做到的詞來形容他：寬宏大量。當然這也是一個好策略，但是馬歇爾的寬容主要原因在於他認為那是對的事。正如楚門總統這樣位高權重的人所觀察，馬歇爾與軍中及政界其他人的不同之處，在於「馬歇爾將軍從來沒有想到過自己」。

關於馬歇爾有另一個故事：他應要求坐著讓官方肖像繪者替他畫像。經過顯然很久的時間，他耐著性子符合要求，直到畫家告訴他完成了，他可以離開了。馬歇爾站起身就要走，畫家問他：「您不看一下畫嗎？」馬歇爾回說：「不用了，謝謝。」他恭敬回完話之後便離去。

難道這表示管理自己的形象不重要嗎？當然不是。在事業剛起步時，你會發現自己抓住機會就想要表現自己。當你有了越來越多成就，你會領悟到這麼做很多時候只會讓工作分心——忙著和記者周旋、忙著獎賞、忙著行銷，讓你無法去做你真正在乎的事情。

誰有時間去看自己的畫像？這麼做有什麼意義？

馬歇爾的妻子後來表示，那些認為馬歇爾謙虛又低調的人，其實不知道他的獨特之處。他也有每個人都有的特質：自我、自私、驕傲、自尊、野心，但是這些特質「被謙卑和無私給控制了」。

想要被記得不會讓你成為一個壞人。想要攀上顛峰也是。還有想要滿足自己和家人所需。畢竟這些都是誘惑的一部分。

但是要有所平衡。足球教練托尼・亞當斯（Tony Adams）說得好：為繡在球衣正面的球隊而戰，人們會記住繡在球衣背後的名字。

回到馬歇爾，舊觀念認為無私和正直會成為一種弱點，或阻礙一個人前進，但是這樣的說法很可笑，也被證明是錯的。當然，有些人或許難以告訴你太多關於他們的事——但是他們每一個人都活在一個他們有責任去塑造的世界裡。

至於榮耀？誰在乎呢。

與浩瀚的宇宙合一

僧侶是與所有一切隔絕的人，也是與所有一切和諧共處的人。

——思想家伊瓦格魯斯．龐帝古斯（Evagrius Ponticus）

一八七九年，環境保護者暨探險家約翰．繆爾（John Muir）第一次前往阿拉斯加。當他看著現在知名的冰河灣國家公園的峽灣和岩石景觀時，心中突然湧起一股強烈的感受。他向來熱愛大自然，此時身處極地的極端夏日氣候，就在這一刻，他覺得自己彷彿與整個世界合一。他彷彿可以看見整個生態系統和生命循環在他眼前展開。他的心跳加速，他和他的團隊「感到溫暖且對萬物充滿同情，回到了大自然的懷抱」，而那是我們所有人生命的起點。幸好繆爾注意並記錄下這段與萬物美麗交融的旅程，那是很少人能夠有的感受。

我們感受到周遭的生命律動以及宇宙之美：潮水不經意地來回沖刷秀麗的海岸，搖曳著廣大濱海沼澤上供魚兒飽食的紫紅藻；野溪匯流成瀑布隆隆作響，支流開散在千山萬嶺間；無邊無際的森林裡灑落滿地陽光，所有細胞都在一陣愉快的享受中；昆蟲如煙霧般成群飛舞，野生羊群漫步樹林上的綠色山脊，熊探身莓果叢間，水貂、河狸、水獺躲在遠方的河流和湖中；印地安人和探險家踏上他們孤獨的旅程；鳥兒哺育雛鳥——處處充滿美麗與生機，以及歡欣鼓舞的行動。

他在那一刻體驗到的，正是斯多噶學派所謂的「同感」（sympatheia）[5]——與天地萬物合一。法國哲學家皮埃爾·哈多（Pierre Hadot）稱之為「海洋的感覺」（oceanic feeling）[6]。那是一種覺得自己歸屬於某種更大群體的感受，領悟到「人類只是滄海一粟」。此時此刻，我們不僅是自由的，還不禁思索起一些大哉問：**我是誰？我在做什麼？我在這個世界上的角色是什麼？**

然而，人一旦有了物質成就，便忘了這些問題。我們總是汲汲營營、充滿壓力、

5 譯注：意思是整個宇宙間都是共生共存的生物，能量流動永不停歇。

6 譯注：主要形容一種「沒有界限，猶如海洋般的感受」，尤其被用於宗教信仰中。

身不由己、心煩意亂、向誰負責、依賴誰、排除誰。當我們有了財富，別人會告訴我們說我們很重要或有權勢。自我會告訴我們，生命的意義來自於工作，而最重要的是成為注目的焦點。

當我們與任何比我們自身更廣大的事物失去連結，那就像是靈魂缺了一塊。就像是與孕育我們的傳統分離，不論那是什麼（技藝、運動、手足、家人）。自我讓我們看不見這個世界的美麗與歷史。它就擋在那裡。

難怪我們會覺得成功是空虛的。難怪我們會覺得筋疲力盡。難怪我們會覺得自己一直在重複做一些事情。難怪我們會與曾經點燃我們的動力失去連結。

來做個練習：走進古老的戰場或一個歷史古蹟。看看那些雕像，你不禁發現人們看起來有多像，從那時候到現在並沒有多少改變——從以前到現在，甚至到未來都一樣。一位偉人曾經站在這裡。一位英勇的女子在此喪命。一位殘酷的富豪曾經住在這個富麗堂皇的宅院……在你之前曾經有其他人站在這裡，事實上是世世代代的人。

在那些時刻，我們感受到天地的浩瀚。自我是不可能存在的，因為我們體會到（即便是短暫的體會）愛默生（Ralph Waldo Emerson）所說的：「每一個人都引用了他所有的先人。」他們是我們的一部分，我們是傳統的一部分。擁抱這個身分的力量，從中學習。這樣的感覺令人振奮，就像繆爾在阿拉斯加體會到的。沒錯，我們很渺小。但是我們也是這個偉大宇宙的一部分，我們是一個過程。

天文物理學家尼爾・德格拉斯・泰森（Neil deGrasse Tyson）將這樣的二元性形容得很貼切——我們可以同時沉浸在與這個宇宙的相關性與不相關性。他說道：「當我抬頭仰望星空，我知道自己很渺小，不過我也很巨大。之所以巨大是因為我與宇宙相連，宇宙也與我相連。」只是我們不能忘記誰比較巨大，誰可以存續得更長更久。

古往今來許多偉大的領導者和思想家都曾經「投身大自然」，然後帶著靈感、計畫、經驗回來，讓他們得以發展並改變世界，你認為原因是什麼？那是因為身處在自然中，他們得以開拓視野，他們能夠得到在忙碌的日常生活中難以企及的更大遠景。當周遭的喧囂安靜下來，他們才終於能夠聽見他們需要傾聽的寂靜之聲。

創造力是取決於接受和承認。如果你不相信圍繞著你的世界，創造力就不會發生。

放下自我，哪怕只有一時片刻，我們就能看到不一樣的東西。藉由擴大視野，我們就能夠看得更多更遠。

可惜的是，我們多數人都與過去和未來失去了連結。我們忘了古人建造金字塔的時候，長毛象也在地表橫行。我們忘了埃及豔后克麗奧佩托拉（Cleopatra）距離我們的年代，比距離象徵埃及帝國的金字塔所建造的年代更近。英國工人為了建造尼爾森紀念柱和著名的石獅，挖開特拉法加廣場的土地，結果在地底下發現了數千年前曾經遊蕩此地的**真正的**獅子遺骸。近來有研究指出，上溯六個世代來來往往的個人，就能找到歐巴馬和喬治・華盛頓的血緣關係。你可以在YouTube上看到一段影片：一九五六年，一位男士登上CBS電視台的遊戲節目《我有一個祕密》（*I've Got a Secret*），同一集節目也特寫了知名演員露西・鮑爾（Lucille Ball）。他的祕密是什麼？林肯遭到暗殺時，他人就在福特劇院（Ford's Theatre）[7]裡。英國政府最近才清償了最早可以追溯到一七二〇年的債務，債務源自像是南海泡沫事件（South Sea Bubble）[8]、拿破崙戰爭、廢除奴隸制度、愛爾蘭大饑荒等——由此可見，二十一世紀的我們仍與十八、十九世紀有直接與生活上的連結。

隨著權力和能力增長，我們很容易覺得自己與眾不同——我們生活在被祝福、前所未有的年代。五十年前的相片還是黑白的，這樣的事實也讓我們以為過去的世界非

7 譯注：美國總統亞伯拉罕・林肯在福特劇院遇刺。

8 譯注：英國在一七二〇發生的經濟泡沫化，主因牽涉英國政府、南海公司及其他金融投機行為。

黑即白。顯然並非如此，古人的天空跟我們的天空一樣藍（有些地方的天空甚至更明亮），他們跟我們一樣會流血，也跟我們一樣會臉紅。我們跟他們沒兩樣，未來也是如此。

「如果你跟我一樣偉大，就很難保持謙遜。」拳擊手穆罕默德·阿里曾經這樣說。好吧，沒錯。這也是為什麼偉大的人必須更努力對抗逆風。在感受強烈的萬籟俱寂中，你很難自私和覺得自己很偉大。夜晚走在沙灘上，一望無際的黑色海洋不斷沖刷腳下的土地，除了謙卑很難有其他感受。

我們必須積極尋找這樣的宇宙共感。布萊克有一首著名的詩，開頭寫道：「一沙一世界，一花一天堂，掌心握無限，剎那即永恆。」那就是我們的目的。那樣超越的經驗讓小心眼的自我不復可能。

我們對宇宙元素、力量或周圍環境無所防備。提醒自己，生氣、對抗、試著打敗這些只是白費力氣。讓自己接觸無限的自然，不要與世界隔絕。讓自己更能夠與生活現實調和。你要明白來到你面前的很多，但能留下的少之又少。

盡可能帶著這種感覺往前走。每當你開始感到得意或自以為是時，再次回去體會一番。

保持理智和清醒

修養的最高境界是返璞歸真。

——知名演員李小龍（Bruce Lee）

德國總理梅克爾（Angela Merkel）和我們對一國之首的每個假設幾乎都不一樣，尤其是德國之首。她很質樸。她很謙遜。她不是很在意外表和鎂光燈。她不會慷慨激昂地演說。她對於擴張或統治沒有興趣。多數時候，她不多話且內向拘謹。

相較於太多領導者陶醉於自我和權力地位，梅克爾總理一貫沉著冷靜。正是因這樣的沉著理智她才深受民眾愛戴，三度連任總理；她也是現代歐洲自由和平的一股強勢力量，儘管強勢與謙遜看似有所矛盾。

有個關於梅克爾的小故事：她小時候上游泳課時，走上跳水台以後就站在那裡，思考該不該往下跳。時間一分一秒過去。最後，直到下課鐘聲響起之際，她一躍跳入水中。她是害怕，還是小心謹慎？多年後，在一次重大危機中，她提醒歐洲各國領袖：「恐懼是壞的導師。」當年她站在跳水台上，想要利用每一個可以的時間做出正確的選擇，而不是被衝動或恐懼驅使而採取行動。

在多數情況下，我們都以為成功的人是完全靠著自身的力量和熱情。我們差點替自我找藉口，因為我們認為它是「做大事」所需要的一種人格特質。或許有點逞威風是讓你可以走到這一步的原因。但試問：它真的適合接下來幾十年嗎？你真的可以在工作上永遠超越每個人嗎？

答案當然是否定的。自我告訴我們，我們是無敵的，我們擁有永不枯竭的無限力量。但是那不是成功的要件——無盡的力量？

梅克爾就像是伊索寓言〈龜兔賽跑〉裡的那隻烏龜。她緩慢但穩健。柏林圍牆倒下的歷史性那一晚，她才三十五歲。她喝了一罐啤酒之後就上床睡覺，隔天一早一如往常去上班。經過幾年努力，她成了一位備受推崇但默默無聞的物理學家。那時候她踏入政界。在她五十歲之際，當上了總理。這是一段勤奮又漫長的過程。

然而我們其他人卻只想著盡其所能快速攀上顛峰。我們沒有耐心等待。我們急切地想要得到高位。一旦我們做到了，我們往往會認為自我和力量才是維持成功之道。但是並非如此。

俄國總統普丁曾經試圖嚇唬梅克爾，他放任他的大型獵犬衝入一場會議（據說梅克爾不喜歡狗），但是她毫不退縮，會後還拿這件事開玩笑。結果反而是普丁看起來愚蠢又缺乏信心。梅克爾崛起之後，尤其是在她掌權期間，她維持一貫的平靜和理智，無論面對任何緊迫的壓力或刺激。

面對類似的情況，我們可能會立刻採取所謂「勇敢」的行動；我們可能會發脾氣或不允許別人冒犯自己。我們必須為自己挺身而出，對吧？但是真的有必要如此嗎？這麼做往往只是出於自我，會讓問題變嚴重而不是解決問題。梅克爾意志堅定、思緒清楚、具有耐性。只要不違背她的原則，她對任何事都願意妥協——太多人忘記了自己的原則。

那就是理智。那就是自我控制。

梅克爾會成為西方世界最有權力的女性並非偶然。更重要的是，她以同樣的行事原則堅守了三個任期。

偉大的哲學家皇帝馬可・奧里略（Marcus Aurelius）同樣深深明白這一點。他會從政和統治並非他所願，他從年少到辭世都以不同職務為羅馬人民服務。政務繁忙，他要聽取不同訴求、要四處征戰、要通過法律、要施加恩惠。他努力避免他所謂的「帝國化」——這是絕對權力的腐化，摧毀了過去許多帝王。為了達到這個目的，他寫信給自己，他必須「努力成為哲學試著要讓你成為的那種人」。

這也是為什麼禪學哲學家瑞巖（Zuigan）每天會大聲對自己說：

「主人——」

「是的，什麼事？」

然後他會繼續說：

「要保持冷靜。」

「好的。」

最後他會說：

「別被其他人給騙了。」

「好的。」

今日我們可以再加上幾個字：

「別被你得到的讚賞或你銀行帳戶裡有多少錢給騙了。」

我們必須努力保持沉著理智，儘管有各種力量在自我的周圍不斷打轉。

歷史學家謝爾比・富特（Shelby Foote）曾說：「與其簡單地說權力使人腐敗，倒不如說它會讓人分化、無可選擇、蠱惑人心。」自我也是如此。它會在我們正需要有清楚思緒的時候遮蔽我們的心智。沉著理智是一種平衡，一種對抗宿醉的解藥——或者更好的是，它可以做為一種預防的方法。

其他政治人物充滿膽識和個人魅力。但是梅克爾大概會說：「個人魅力……是解決不了問題的。」她很理性。她擅長分析。她著眼於問題，而不是像當權者常常會做的那樣，著眼於自己。當然她的科學背景是有所幫助的。一般政治人物往往只重視個人形象，但是梅克爾對此非常客觀務實。她只關心成果和其他少數的事。一位德國作家在寫給梅克爾五十五歲的生日賀詞中提到，「樸實無華」是梅克爾最大的武器。

記者大衛・哈伯斯坦（David Halberstam）曾經寫過美式足球新英格蘭愛國者隊的教練比爾・貝利奇克，他形容貝利奇克是「不只會烤牛排，而且他瞧不起那些熱油嘶嘶聲」。你也可以這樣說梅克爾。像他們這樣的領導者清楚知道，牛排才能真的讓人贏球、推動國家進步。而另一方面，嘶嘶的熱油聲則會讓人更難做出正確的決策——如何互動、要晉升誰、要加入哪一場比賽、要聽取哪一個建言、要從哪裡開始解決一個問題。

邱吉爾時代的歐洲需要某種類型的領導者。而現在這個互相連結的世界則需要它自己的領導者，因為有太多資訊必須處理，有太多競爭、太多改變，沒有清楚的腦袋……一切就完了。

當然我們不是在說戒毒或戒酒，不過用理智克制自我是其中一個要素——排除多餘的和有破壞性的。不要再執著於自己的形象；不要瞧不起在你之上或之下的人；不需要頭等的虛飾或明星級的待遇；不要生氣好鬥、自誇自擂、裝腔作勢、逞威風、高高在上、讚嘆自己的表現或自以為重要。

沉著理智是平衡成功的砝碼。尤其當事情變得越來越順利、越來越好的時候。

正如作家詹姆斯・貝斯福（James Basford）所言：「唯有堅強的體魄才能抵擋成功一次次的攻擊。」嗯，我們現在就處於這樣的境地。

古有明訓，要過得幸福快樂，就要過得不為人知。確實如此。問題是，這也表示我們其他人會看不到真正好的典範。還好我們能在公眾間看到像梅克爾這樣的人，因為她代表了一個非常龐大的沉默多數。

從我們在媒體上的所見所聞，或許讓人很難相信真的有些成功人士是住在樸實的公寓裡。就跟梅克爾一樣，他們跟另一半過著普通人的生活（梅克爾的丈夫並未出席她第一次就職典禮）。他們沒有什麼手腕，他們穿著一般的衣著。大多數的成功人士都是你沒有聽聞過的。他們想要這樣的生活。

那樣能夠讓他們保持平靜，讓他們能夠做他們的事。

對於接下來經常會發生的事，自我都是你的敵人……

證據確鑿，而你就是判決。

——美國小說家安妮．萊莫特（Anne Lamott）

現在你站上了巔峰。你看到什麼？你會發現情況實在令人難以應付。你原本以為到達這裡之後就輕鬆了；然而卻是更加困難，是一個完全不同的型態。你必須自我管理才能夠維持你得到的成就。

哲學家亞里斯多德對自我、權力、帝國的世界並不陌生。他最知名的弟子是亞歷山大大帝（Alexander the Great），而且透過亞里斯多德的教導，這個年輕人征服了整個已知的世界。亞歷山大聰明又有膽識，多數時候也寬厚又有智慧。然而，顯然他忽略了亞里斯多德最重要的教誨——或許如此他才會在三十二歲就客死異鄉，可能是被最終受不了他的自己人給殺了。

並不是說他具有雄心壯志是錯的。只是亞歷山大沒能領悟到亞里斯多德所謂的「中道」（golden mean）——也就是中間立場。亞里斯多德經常提到，美德和卓越就像是散落在一道光譜上的點。舉例來說，勇氣是介於懦弱和魯莽兩個極端之間。而我們都崇尚的慷慨，必須落在揮霍無度和吝嗇節儉之間，才會帶來用處。這條線（中道）在哪裡很難說，但是如果沒有找到它，我們就會有過於極端的危險。這也是為什麼人要卓越很難。亞里斯多德寫道：「在不同情況下，要找到中道實在不容易；好比說，不是每個人都找得到圓心，只有知道的人才找得到。」

我們可以用中道來駕馭我們的自我和想要成功的渴望。

擁有無盡的野心很簡單；任何人都可以用力踩下油門往前衝。要自滿也很簡單；只要把腳從油門上移開就好。我們必須避免商業策略家詹姆·柯林斯（Jim Collins）所說的「過於貪婪的追求」（undisciplined pursuit of more），以及隨著喝采而來的自滿。再度借用亞里斯多德的說法，最難的是在正確的時間、以正確的方法、在油門上施加正確的力道、經過正確的一段時間、在正確的車子裡、駛向正確的方向。

如果我們不這麼做，後果可能會很可怕。

拿破崙也有自己的一道線，但是他和亞歷山大一樣下場悲慘。他曾說：「充滿雄心的人追求幸福快樂……卻找到了名聲。」他的意思是，每個目標的背後都是想要追求快樂與滿足——可是一旦自我奪去了主導權，我們就會迷失目標，最終走到我們從來沒有想過的地方。愛默生在他關於拿破崙的知名文章中，煞費苦心指出在拿破崙死後沒幾年，歐洲世界基本上變得和拿破崙開始崛起時一模一樣。所有那些死亡、那些努力、那些貪婪、那些榮譽，為的是什麼？絕大多數都只是枉然。他寫道：拿破崙就像他的砲火煙硝，轉瞬灰飛煙滅。

再看看霍華．休斯，儘管有人對他的評價是勇敢又特立獨行，但是他過得並不快樂，不論從歷史或電影中他的人生看起來有多棒。在他臨死之前，他的一位助理想要安慰飽受折磨的他，對他說：「你的一生真是精彩。」但是休斯搖搖頭，帶著臨死之人的誠實，悲哀地說：「假如我倆交換人生，我敢打賭你撐不過第一週就吵著要換回來。」

我們不必跟隨這些腳步。我們知道要怎麼選擇才不會落得那樣丟臉，甚至可憐的下場：保持頭腦清醒，避免貪婪和偏執，保持謙卑，莫忘初衷，與我們周遭更大的世界保持連結。

因為就算我們管理好自己，也不保證一定會成功。這個世界有很多方式與我們作對，而根據自然法則，每件事最終都會回歸均值。在運動場上，勝季之後的賽程會越來越難，落敗的隊伍選秀抽籤的運氣佳，以及薪水上限會讓一個球隊難以團結。在現實生活中，你賺越多就要繳越多稅，社會強加於你的責任就越多。媒體對報導過的人物比較嚴厲。謠言和閒言閒語是出名的代價：他是一個酒鬼。她是同性戀。他是偽君子。她是綠茶婊。大眾會支持失敗者，打擊勝利者。

這就是現實的人生。誰有辦法否定？

相較於被權力給沖昏頭，相較於視自己擁有的一切是理所當然，我們最好對難以避免的命運轉折做好準備。這些轉折就是：逆境、困難、失敗。

誰知道，或許接下來就會來個衰退。更糟的是，說不定那是你造成的。你曾經做到某件事，不代表永遠都做得到。

反轉和回歸是生命循環的一部分，就跟其他事情一樣。

但是我們可以加以掌控。

第三部

失 敗

現在我們經歷了任何人生旅途上都會碰到的考驗。或許是失敗了，或許是目標比預期中更難達成。沒有人可以永遠成功，也不是每個人第一次嘗試就會成功。一路上我們都要應付許多阻礙。面對這些情況，自我會讓我們無法做好準備，它經常還是造成問題發生的原因。要通過障礙，再次站起來，我們必須重新定位和增進自我覺察。我們不需要同情，不論是自己或他人的同情，我們需要的是目標、沉著和耐性。

不論面對什麼樣的失敗和挑戰，自我都是你的敵人……

人們傾向支持歡樂更甚於同情悲傷，所以我們炫耀財富，藏起我們的貧乏。沒有什麼比被迫將自己的悲苦公諸於眾更令人羞愧的事，甚且，儘管我們的問題明擺在所有人眼前，卻覺得沒有人為我們所遭遇的設想，哪怕只有一半。

——亞當・斯密

凱薩琳・葛蘭姆（Katharine Graham）的前半生看起來一帆風順。

她父親尤金・梅爾（Eugene Meyer）是一位在股市致富的金融天才。她母親是外貌和腦袋兼具的社交名流。她從小就什麼都擁有最好的：最好的學校、最好的老師、最大的房子，還有很多僕人伺候。

一九三三年，他父親買下當時岌岌可危的重要媒體《華盛頓郵報》，開始加以改革和扭轉。凱薩琳是手足間唯一對報社表現出興趣的，所以年紀稍長之後便繼承報社，然後將管理權交給同樣出色的丈夫菲力普・葛蘭姆（Philip Graham）。

凱薩琳並不是另一個揮霍家產的霍華・休斯。她也不是因為她可以就只想走最省事的捷徑的富家千金。但是毫無疑問，她的生活確實安逸。根據她自己的說法，她甘於跟隨丈夫（和父母）的腳步。

然而風水輪流轉。菲力普・葛蘭姆的行為變得越來越反覆無常。他酗酒、做出不顧後果的商業決策、買他們根本負擔不起的東西，而且開始搞外遇。他還會在認識的人面前公開羞辱另一半。富人問題一籮筐，是嗎？結果原來是他深受嚴重的精神崩潰所折磨，做太太的凱薩琳悉心照料，希望他能夠康復，可是他卻趁她在隔壁房休息時舉槍自盡。

一九六三年，四十六歲、育有三子、沒有工作經驗的凱薩琳・葛蘭姆，搖身一變成為華盛頓郵報公司的負責人，掌管多達數千名員工的大企業。她覺得措手不及，涉世未深又擔心害怕。

儘管悲慘，但是這些遭遇並非真的是災難性的失敗。她依然是有錢有權的白人。然而，這是她沒有想過的生命安排。那是重點所在。失敗和困境是相對的，對每個人來說都不一樣。毫無例外，生命總是如此：奪走我們的計畫，將它擊成碎片。有時候是一次，有時候則是好多次。

財經哲學家暨經濟學家喬治・古德曼（George Goodman）曾說，感覺就像是「我們置身一場美好的舞會，杯觥交錯，輕柔笑語飄散在夏風中。我們知道在某個時刻黑騎士會破門而入，報復和擊潰生還的人。那些提早離席者可以逃過一劫，但是宴會如此美好，即使還來得及也沒有人想要走。因此每個人不斷問著——現在幾點？可是時鐘上卻不見指針」。

古德曼談的是經濟危機，儘管他說的可能也是我們所有人在生命中經常都會陷入的情況。事情進展順利。或許我們在追求什麼遠大目標。或許我們最終享受著辛苦得來的成果。但是在任何時候，命運都會插手干預。

如果成功帶來自我陶醉，那麼失敗可能會是具有毀滅性的自我打擊——讓失足變成失敗，讓小麻煩變成大破壞。如果說在成功時自我經常只不過是一個討人厭的副作用，那麼在失敗時它可能會致命。

對於這些問題我們有各式各樣的說法：蓄意破壞。不公平。不幸。折磨。悲劇。不論貼上什麼標籤，那終究都是一種考驗。我們不喜歡這樣的考驗，有些人從此一蹶不振。有些人看似努力通過考驗。無論如何，這都是每個人必須承受的試煉。

五千年前《吉爾伽美什史詩》（*Gilgamesh*）所寫的年輕國王的命運，就如同我們的命運：

他將面臨一場未知戰，
他將行經一段未知路。

這就是凱薩琳．葛蘭姆的寫照。接掌報社只是開頭，接下來近二十年的時間，她遭遇一連串令人難以承受的的事件。

作家湯瑪斯．潘恩（Thomas Paine）評論喬治．華盛頓時，曾經寫道：「有些心智天生堅定，小把戲無法將之敲開，可是一旦開啟，就會發現內在無比的勇氣。」凱薩琳．葛蘭姆似乎就擁有這樣的內在勇氣。

凱薩琳剛適應了領導地位，就發現報社保守的董事會是一個持續的障礙。他們高高在上，不願意冒險，讓公司無法前進。她知道要成功就必須發展自己的行事方針，不能像過去一樣總是聽從別人的意見。最後她知道必須換上一個新的總編輯。於是她不顧董事會的反對，撤換一個受眾人歡迎的老好人，由名不見經傳的年輕新血上場。就這麼簡單。

但是下一個挑戰就沒有那麼容易了。正當公司準備公開上市之際，報社收到一堆遭竊取的政府文件，編輯問凱薩琳是否可以無視法院禁令刊出這些內容。她諮詢公司的法務和董事會。所有建議都反對，擔心這麼做會讓公司首度公開募股就出師不利，或者讓公司纏訟多年。經過一番天人交戰，她決定加以發表，這是一件史無前例的事。不久之後，報社根據匿名線索，調查報導一件民主黨全國委員會總部被入室盜竊的案子，卻讓報社陷入與白宮和華府掌權者對立的危險（也波及報社的電視台取得政府的授權）。效忠尼克森總統的司法部長約翰・米切爾（John Mitchell）一度威脅凱薩琳不要太超過，要不然她「將會陷入巨大的麻煩」。另一位助理吹噓說白宮正想辦法要掐住《華盛頓郵報》。試想如果你是凱薩琳會如何：面對世上最有權勢的政府擺明的挑釁，「要怎麼給報社最重的一擊？」

最重要的是，華盛頓郵報公司的股價不盡如人意。市場表現不佳。一九七四年，一名投資人積極大量買進公司股份。董事會很擔心遭到惡意收購，凱薩琳被派去與對方打交道。隔年，報社的印刷工會發動劇烈且長期的罷工。工會成員一度穿著印有「菲力普射錯了葛蘭姆」（Phil Shot the Wrong Graham）字樣的T恤。不管他們手法如何，或許也正是因為這些手法，凱薩琳決定和他們對抗。而他們也反擊了。有天凌晨四點她接到一通驚慌失措的電話：工會蓄意破壞公司器材，毆打一名無辜的員工，還放火燒了一部印刷機。通常遇到印刷罷工時，報業競爭對手會出借器材支援同行，但是她的對手拒絕幫忙，使得報社每天虧損三十萬美元的廣告收益。

禍不單行，一些主要的投資者開始賣出他們的持股，表面上看似對公司前景失去信心。而在先前打交道的那位積極投資人的鼓吹下，凱薩琳認為最好的選擇就是花上公司鉅額的錢買回在公開市場上流通的自家股票——這是危險的一步棋，當時幾乎沒有人會這麼做。

問題一個接一個連看都累了，更不用說真實經歷。然而由於凱薩琳的毅力，結果變得比任何人所能預期的都要來得好。

凱薩琳刊載的外洩文件就是後來我們所知的〈五角大廈文件〉（Pentagon Papers），也是新聞史上最重要的報導之一。而激怒尼克森政府的水門案報告，改變了美國的歷史，也讓整個政權垮台。《華盛頓郵報》因此獲得普立茲獎。至於那位令董事會害怕的積極投資者，原來就是年輕時的華倫．巴菲特（Warren Buffett），後來他成為凱薩琳的商業導師，以及他們公司的重要支持者。（他對凱薩琳家族企業的小投資，有朝一日竟價值上億美元。）而她與工會的談判最終占了上風，罷工劃下句點。至於她在華盛頓的主要競爭者，也就是當初拒絕伸出援手的《星報》（*Star*），則是突然倒閉並且被《華盛頓郵報》買下。她回購的公司股票（有違商業智慧和市場判斷），則替公司賺了數十億美元。

她忍受的這段漫長又艱困的過程，她所犯過的錯誤，以及持續不斷的失敗、危機和打擊，都帶她走到後來的成就。如果你在一九七一年《華盛頓郵報》首次公開募股時投資一美元，到了一九九三年凱薩琳下台時已經飆漲到八十九美元——相較於報業股價十四美元；標準普爾五百指數五美元。凱薩琳成為她的時代最傑出的女性執行長，同時是第一位領導世界五百大（Fortune 500）公司的女性，無疑也是有史以來最厲害的企業領導人。

含著金湯匙出生的凱薩琳，有十五年的時間飽經痛苦磨練。她面對一個接一個的難關，看似遠超過她能夠處理的範圍。有好幾次感覺她應該會乾脆把公司賣掉，好好享受她的財富人生。

她丈夫自殺並不是她造成的，但是她也只能一個人繼續撐下去。水門案報導和〈五角大廈文件〉並不是她去爭取來的，但是監督這些爭議事件的責任卻落到她肩上。當一九八〇年代其他企業忙著收購和併購時，她沒有隨之起舞。她加碼下注自己和自己的公司，儘管事實上這舉動被華爾街視為握有一手爛牌。她有很多時候可以選擇走簡單的路，但是她沒有。

人生任何時候都有挫敗的可能。比爾・華許曾說：「通往成功之路幾乎總是會經過名為『失敗』之地。」為了再度嚐到成功的滋味，我們必須知道為什麼現在會陷入困境（或陷入困境多年），找出哪裡出了錯、為什麼會出錯。我們必須解決問題才能繼續往前邁進。我們需要接受它，然後克服它。

在這段過程中，多數時候凱薩琳是孤軍奮戰。她在黑暗中摸索前進的道路，試著解決她從未預期的困難處境。她讓我們看見一個人就算多數事情都做對了，還是可能會發現自己跌進麻煩裡。

我們以為只有自以為是的自大狂才會自招失敗。尼克森垮台是他應得的；那凱薩琳呢？事實是，沒錯，失敗確實經常是自找的，但是好人也總是會失敗（或是別人讓他們失敗）。已經經歷過無數難關的人會發現眼前有更多難關。人生是不公平的。

自我喜歡這樣的說法，它喜歡計較公平或不公平。心理學家稱這個現象是「自戀創傷」（narcissistic injury），也就是人們會把跟自己無關或客觀的事情當作是針對自己。當我們的自我感知很脆弱且取決於生活是否盡如己意時，就會出現這種問題。重點不在於你所經歷的難關是不是你的錯或你的問題，因為你現在就必須去面對與處理。凱薩琳的自我沒有讓她失敗，但如果她真的敗在自我，當然就永遠無法再成功。

你可以說失敗總是不請自來，但是因為自我，有太多人因此讓失敗盤旋不去。

凱薩琳需要具備什麼才能度過這一切？不是說大話。不是盛氣凌人。她需要堅強的意志。她需要信心和願意忍受下去。她需要保持是非感。她需要目標。重點不是她自己，而是如何保住家族產業、保護報社，如何做好她的任務。

那麼你呢？當事情越來越棘手時，你的自我會不會背叛了你？或者你能不能放下自我往前進？

當我們面對難關時，尤其是公開的挑戰（懷疑、醜聞、損失），我們的朋友「自我」就會露出本性。

聽到負面的回饋，自我會說：我知道你做不到。**那又為什麼要嘗試呢？**自我說：這不值得。這不公平。這是別人的問題。你何不想個好藉口脫身呢？自我告訴我們不要忍受。它告訴我們不是我們的問題。

換句話說，自我會在我們的每個傷口上灑鹽。

我們可以改述哲學家伊比鳩魯的話，自我的人像是住在「沒有圍牆的城市」。脆弱的自我經常覺得受到威脅。當你伸出這個特殊的敏感觸角去接收（和創造）會影響你試著在顛簸中尋得平衡的訊號時，就算有各種成就和幻想也無法保護你。

這樣活著很可悲。

比爾．華許接手舊金山四九人隊的前一年，他們的戰績是兩勝十四敗。他擔任總教練和總經理的第一年，他們又輸了……十四場比賽。你能想像他有多失望嗎？所有的革新，一整年所有的努力，結果只是原地踏步，跟之前無能的教練沒兩樣。我們多數人可能都會這樣想。然後我們可能會開始怪罪別人。

比爾．華許知道他「必須到其他地方尋找證據」，證明事情開始好轉。對他來說，證據就在球賽打得如何、好的決策，以及組織內部的轉變。兩季之後，他們贏得超級盃冠軍，接下來又贏了幾次冠軍。當你陷在谷底的時候，會覺得勝利遙不可期，而這也是為什麼你必須能夠不受很多事情的影響。

德國詩人歌德曾說，偉大的失敗是「把你看得比真實的你更好，把你的重要性看得比真正的價值更低」。一個好的比擬就是凱薩琳．葛蘭姆在一九七〇年代晚期和八〇年代買回自家股票。股票回購是一個充滿爭議性的策略，通常只有在一家公司成長停滯或衰退時才會這麼做。這麼做等於企業的經營管理者做出一項驚人的聲明。她說：市場錯了。它嚴重錯估我們公司，顯然也不曉得我們要往哪裡前進，所以我們投入公司寶貴的現金做賭注，證明市場錯了。

但是經常可見的情況是，企業的經營管理者因為出於幻想而買回公司股票，或者因為他們想要炒作股價。反過來說，懦弱或膽小的經營者根本不敢這麼做。在凱薩琳的情況，她是做出價值判斷，加上巴菲特的幫助，讓她客觀地看清楚是市場低估了她的公司資產。她知道聲譽打擊、經驗和效率都會壓低股價，而這麼做除了減少她個人財富，其實替企業創造出很大的機會。所以她在短時間內購入公司近四成的股票，付出的相較於之後的獲益簡直微不足道。她買回的價格是一股二十美元，不到十年就增值到一股超過三百美元。

凱薩琳和華許所做的，就是堅守內心的那把尺。這讓他們得以在外人都被失敗的訊號給干擾時，對自己的成長做出正確的評估和衡量。

這就是可以指引我們通過難關的方法。

或許你沒有上第一志願的大學。或許你沒有被選上執行專案或得到升遷。或許你的工作、你夢想的房子、你覺得最重要的機會可能會被別人搶走。這件事可能明天會發生，或者二十五年之後才會發生。它可能持續兩分鐘，或許長達十年。每個人都經歷過困難，我們都受到萬有引力定律和大數法則影響。這代表什麼？這表示我們每個人都會面臨失敗。

希臘作家普魯塔克（Plutarch）說得好：「臨到我們每個人身上的未來都充滿未知。」而走出去的唯一方式，就是通過它。

謙卑和堅毅的人不會遇到自我的人所遇到的麻煩。他們比較少抱怨，也比較不會惹禍上身。相反的，他們具有堅韌的彈性，甚至可以說是心甘情願。不需要覺得可憐。他們的自我認同不會受到威脅。他們沒有別人的認同也能過得去。

這就是我們所要追求的——遠遠不只是追求成功。重要的是，我們可以回應生命丟給我們的各種難關。

以及我們知道如何度過這一切。

活用時間，還是虛度時間？

活著就不要浪費時間。（Vivre sans temps mort.）

——巴黎政治標語

麥爾坎X（Malcolm X）[1]曾經是一名罪犯。那時候他不叫麥爾坎X——他們叫他「底特律紅髮小子」[2]（Detroit Red），而且他是一個不道德的投機分子，什麼壞事都沾上邊。他簽賭、販毒、拉皮條，甚至還持械搶劫。他有自己的竊盜集團，利用恐嚇和暴力的方式控制，因為他看起來似乎不怕殺人也不怕被殺。

最後他在銷贓偷來的昂貴手錶時被逮。當時他身上帶著一把槍，值得慶幸的是他

1 譯注：生卒年一九二五—一九六五，知名的非裔美籍伊斯蘭教士與人權運動者。

2 譯注：因為他祖父是蘇格蘭人，所以遺傳了紅髮。

沒有跟圍捕的警方對抗，束手就擒。警方在他的公寓裡搜出珠寶、皮草、一大批武器，以及他所有的作案工具。

他被判刑十年。當時是一九四六年二月。他還不滿二十一歲。

就算當年美國存在嚴重的種族歧視和制度性的司法不公，但是麥爾坎確實犯了罪。他應該入監服刑。誰知道要是他的犯罪人生繼續惡化，他還會傷害或殺害其他哪些人？

當一個人的行動導致他被判長期徒刑，而且是經過正當的審判和定罪，就表示他真的做錯了什麼。不只是個人的失敗，同時損害了社會和道德的基本標準。麥爾坎就是如此。

他鋃鐺入獄。他的名字變成一組囚犯代碼。他的身體大概要被囚禁在籠中十年。

他面臨作家羅伯．葛林——六十年後葛林的暢銷書竟然被許多聯邦監獄列為禁書——所說的處境：「要活用時間，或是虛度時間。」實際被關了七年之後，麥爾坎變成了什麼模樣？他怎麼度過在獄中的那幾年時間？

根據羅伯．葛林的說法，在我們的生命裡有兩種時光：一種是虛度的時光，人們只會消極等待；另一種是活用的時光，人們會學習、行動、善用每一分每一秒。失敗的每一刻，也就是我們無法刻意選擇或控制的每一刻，我們都有這樣的選擇：活用時間，或是虛度時間。

要選擇哪一種？

麥爾坎選擇活用時間。他開始學習。他探索宗教。他告訴自己要當一個閱讀的人，他向監獄圖書館借了筆和字典，他不單把整本字典都背起來，還把裡面的字從頭到尾用手寫抄下來。他過去不認識的字現在都輸入他的腦海中。

正如他後來說的：「從那時候開始，直到我走出監獄，在每個空閒時刻，我不是在圖書館看書，就是在床鋪上閱讀。」他讀歷史、社會學、宗教、經典文學，也讀康德和史賓諾莎這些哲學家的作品。後來有一位記者問他：「你的母校是哪裡？」他回答說：「書。」監獄就是他的大學。他回憶說，曾經有好幾個月時間他甚至都沒有想到自己是被關在監獄裡。他覺得「這輩子從來沒有如此真正自由過」。

我們多數人都知道他出獄之後的事蹟，但是我們不知道或不理解牢獄生活如何讓這一切變得可能。我們難以體會接受、謙卑和韌性如何帶來這樣的轉變。我們也不知道原來歷史上不乏這樣的例子，很多知名的人都遭遇過可怕的困境，不論是牢獄之災、被迫流亡、經濟崩潰、被徵召入伍，甚至被送進集中營，而他們憑藉自己心態和方法，將這些困境轉變成創造偉大成就的燃料。

一八一二年英美戰爭交換戰俘之際，被困在船上的法蘭西斯・史考特・凱伊（Francis Scott Key）寫了一首詩，後來成為美國國歌。維克多・弗蘭克曾經三度被送進納粹集中營受盡折磨，那段期間他完善了「在苦難中尋找意義」的意義療法。

當然這些機會並不總是來自如此絕望的處境。作家伊恩・弗萊明（Ian Fleming）臥床休養期間，醫生禁止他使用打字機。他們擔心他會為了寫作下一本龐德系列作品而過度消耗自己。結果他反而用手寫的方式創造出兒童文學作品《飛天萬能車》（*Chitty Chitty Bang Bang*）。華特・迪士尼（Walt Disney）踩到一根生鏽的釘子而被迫臥床，他在床上下定決心要成為一個卡通畫家。

確實，面臨那樣的處境，生氣、忿忿不平、灰心喪志或悲傷會讓人覺得比較好過。遭遇不公不義或命運的捉弄時，一般的反應是怒吼、反擊、抵抗。你知道那種感覺：**我不想要這樣。我想要**＿＿＿＿＿＿**。我想要照自己的方式走。**但是這麼想是只看眼前，沒有看向未來。

想想那些你不想做的事、你拒絕面對和處理的問題、覺得太難以承受的系統性問題。當我們把低潮或困境變成一個機會，去完成我們本來就需要做的事情，虛度的時光就會變得充滿生機。

就像他們說的，這些困難的時刻並不是你全部的人生。但是它們是你生命中的時刻。你要如何加以運用？

麥爾坎大可以放棄讓他身陷囹圄的人生。時光之所以虛度不只是因為懶散和自滿。他也可能利用在獄中的時間變成更壞的罪犯、發展人脈、策劃下次犯罪，這些同樣是虛度時光的一種。他可能善用時間做這些事，可是這麼做等於慢性自殺。

「很多認真的思想家是誕生自監獄中，」羅伯．葛林寫道，「在那裡他們無事可做，除了思考。」然而，可惜的是，真實的監獄裡其實有更多墮落、輸不起、不負責任的人。囚犯可能沒有事情可以做只能思考，但是他們選擇要想什麼，決定了他們會變得更糟還是更好。

我們多數人失敗或陷入麻煩時也是同樣情況。由於缺乏檢視自己的能力，所以我們把精力投注在一開始造成問題的行為模式上。

這樣的情況會以很多方式呈現。有人無所事事，成天做白日夢。有人一心想著報復。有人會在其他事物上尋求慰藉。有人拒絕去思考，我們的選擇其實反映了個人性格。總之我們寧願做其他事情也不願意檢視自己。

但是假如我們說：這對我而言是一個好機會。我要利用這個機會達成我的目標。我不會白白浪費光陰。

當我們被自我給控制了，就會虛度時光。而現在——我們可以善用時間了。

誰知道你現在正在做什麼。但願你不是在獄中，就算你覺得好像被困住了一樣。也許你正坐在補習班的課堂上，也許你被停學了，也許你和另一半正在分居，也許你正在打工存錢，也許你正在等一份工作合約或職務。也許這個情況完全都是你自己造成的，或者也許只是壞運氣。

人生難免會有虛度光陰的時候。壞事的發生不是我們可以控制的。但是如何加以利用，則操縱在我們手中。

正如美國政治家布克．華盛頓（Booker T. Washington）最知名的一句話：「就地放下你的水桶。」（Cast down your bucket where you are.）[3]好好利用你身邊的機會。不要因為固執而把一個不好的情況變得更糟糕。

3 譯注：典故源自《白鯨記》，一艘迷航的船遇上另一艘船，向對方要水喝，對方說只要你們把水桶放下去就有水喝了，原來他們已經靠近淡水河區。

努力就已經足夠了

對一個積極的人來說，重要的是做正確的事，至於做了之後能否實現，則不是他的煩惱。

——德國文豪歌德

貝利撒留（Belisarius）是史上最偉大卻默默無聞的軍事將領。他的名字被歷史遺忘，相較之下不受賞識的馬歇爾將軍就有名許多。至少「馬歇爾計畫」（Marshall Plan）[4]是以他為名。

身為拜占庭國王查士丁尼一世麾下的羅馬最高統帥，貝利撒留曾經至少三度拯救

4　譯注：正式名稱是「歐洲復興計畫」，二戰之後美國對被戰爭破壞的西歐各國所進行的經濟援助、協助重建的計畫。

了西方文明。隨著羅馬帝國滅亡後，首都遷至君士坦丁堡，對基督教而言，貝利撒留是黑暗中唯一的一道曙光。

貝利撒留在達拉、迦太基、拿坡里、西西里和君士坦丁堡都曾立下輝煌戰績。他帶領少數衛兵抵抗上萬大軍，在越演越烈的叛亂暴動中保住原本打算投降的國王的王位。儘管人手和資源不足，但是他收復了失去多年的廣闊疆土。在蠻族劫掠之下，他首度奪回羅馬並加以防守。這些都是他四十歲前就打下的戰功。

他得到什麼回報？他沒有贏得公開表揚。相反的，他還經常遭到多疑的君士坦丁大帝懷疑。他的勝利和犧牲被愚蠢的條約和惡意的曲解給抵消。他個人的歷史學家普羅科匹厄斯（Procopius）被君士坦丁大帝收買，詆毀他的形象和事蹟。後來他被解除指揮權。唯一留下的職銜是刻意要羞辱他的「皇家馬廄長」。在他卓越生涯的尾聲，家產也被奪走，根據歷史記載，他還被弄瞎雙眼，被迫沿街乞討求生。

幾個世紀以來的歷史學家、學者、藝術家都為他的遭遇感到惋惜和爭論不休。就像多數正義之士，他們對於這個偉大不凡的人所承受的曲解、忘恩負義和不公不義感到憤怒。

對於這一切，我們唯獨沒有聽見誰的怨言？就是貝利撒留本人，而且不只在當時或在他風燭殘年之際都不見他有任何埋怨，甚至在他的私人書信中也沒有任何怨天尤人。

諷刺的是，儘管他本人從未有過謀反意圖，但是他有好幾次機會都可以奪取王位。當君士坦丁大帝深陷絕對權力帶來的腐敗，變得專橫、偏執、自私又貪婪，我們在貝利撒留身上卻難以看見這些惡習。

在他看來，自己只不過是做好分內的工作——他深信那是一個神聖的任務。他知道自己做得很好。他知道自己做的是正確的事。那樣就已經足夠。

在生命中，會有那麼些時候我們每件事都做對了，甚至做得很完美，然而不知道為什麼結果卻是不好的：失敗、不被尊重、被嫉妒，甚或是巨大的打擊。

視每個人的動機而定，有人可能會因此被擊垮。如果自我主宰了我們，除非完全被理解和得到應有的肯定，否則我們什麼都無法接受。

這是一種危險的心態，因為當我們從事一個計畫，無論是寫作、創業還是其他事情，到了某個時間點，它會離開我們的掌控進入外面的世界。它會面臨別人的批評、接受和反應。它不再是我們可以完全控制的，而是取決於他人。

貝利撒留可以在戰場上打勝仗。他可以統領軍隊。他可以決定自己的行為準則。

但是他無法控制自己的表現是否會被欣賞和感激，還是會引起懷疑。他沒有辦法控制一個有權力的獨裁君王是否會善待他。

這樣的現實基本上適用於每個人各種不同的人生。貝利撒留的獨特之處在於他接受這樣的不公平交易。他認為做對的事情就已足夠。效忠他的國家、他的上帝，盡忠職守，才是最重要的事。任何困境都可以忍受，任何獎賞都是身外之物。

他能夠這樣想很好，畢竟他不僅經常沒有因為自己做的好事得到獎勵，還會受到**懲罰**。這原本應該是讓人生氣的事。如果是我們自己或身邊的人遭遇這樣的狀況，我們一定會很憤慨。然而他有其他選擇嗎？難道他應該反過來去做不對的事嗎？

在追求目標的道路上，我們都會遇到同樣的挑戰：我們願意為了之後可能會被奪走的事物而努力嗎？如果無法保證結果如何，我們願意投注時間和精力嗎？抱持正確的動機，我們會願意繼續前進。但是如果被自我掌控，我們就不會願意再努力了。

對於工作和努力所得到的獎賞（他人的認同、讚賞、報答），我們只有最低限度的控制權。所以我們該怎麼做？因為有可能無法得到回報就不付出、不努力、不事生產？拜託別這樣。

想想那些行動主義者發現他們只能推展他們的目標到這裡。想想那些還沒完成志業就被暗殺的領袖。想想那些因為觀點「走得太前面」而鬱鬱不得志的發明家。根據社會的一般標準，這些人的努力都沒有得到回報。難道他們就不該努力嗎？

因為自我，我們每個人都想要這麼做。

假如這是你的心態，你要怎麼忍受艱困的時光？假如你真的走得比別人前面呢？假如是市場看走眼了呢？假如是你的老闆或客戶不懂呢？

把事情做好就已經足夠了，能夠這樣想更好。換句話說，不要那麼在乎結果會比較好。當我們能夠達到自己的標準，我們就可以感到驕傲和自尊自重。努力就已經足夠了，無須執著於結果的好壞。

但是對自我來說，這樣根本不夠。不行，我們需要被肯定。我們需要得到回報。尤其問題在於，事實上我們經常會得到那些。我們被讚賞、被獎賞，我們開始認為這兩件事總是同時發生的。難怪會出現「期望落空不適症」（expectation hangover）。

有一個關於亞歷山大大帝和古希臘知名的犬儒派哲學家第歐根尼（Diogenes）相遇的故事。據說亞歷山大曾經拜訪第歐根尼，當時第歐根尼正躺在地上曬太陽，亞歷山大站在他旁邊，問他說：我這個全世界最有權勢的人可以為你這個人盡皆知的可憐人做些什麼。第歐根尼大可要求任何事情，但是他的要求非常絕妙：「別擋住我的陽光。」即便是兩千年後的現在，我們都可以感受到亞歷山大心中的重擊，他是一個總是想要證明自己有多重要的人。作家羅伯特・路易斯・史蒂文森（Robert Louis Stevenson）後來評論過這場相遇：「努力很久想要攀上巔峰，當你做到了，卻發現人家對你的成就毫不在乎，實在是一件傷心事。」

請做好心理準備，這樣的事情總是會發生。或許父母對你的表現永遠不滿意。或許你的女友對你漠不關心。或許投資人無視你的績效。或許觀眾沒有拍手叫好。但是我們必須能夠撐下去。我們不能讓它們成為推動我們向前的動力。

貝利撒留有最後一次機會。對他的指控以無罪收場，他的名譽被恢復——讓他得以在白髮蒼蒼之際再次為帝國效力。

可惜人生並不是童話故事。後來皇帝再度懷疑他意圖謀反，在朗費羅（Longfellow）著名的詩裡，這位可憐的將軍晚景淒涼。然而他依然充滿力量：

> 這同樣可以承受——因為我是
> 貝利撒留！

你可能不被賞識。你可能被蓄意詆毀。你經歷措手不及的失敗。你的期待無法實現。你輸了。你一事無成。

你要怎麼繼續下去？你要怎麼對你自己和你的工作感到自豪？傳奇籃球教練約翰．伍登（John Wooden）給球員的建議是：改變成功的定義。「成功是一種內心的平靜，能夠達到這種自我滿足的境界，是因為你知道自己已經努力做到最好，成為你能夠成為的最好的模樣。」哲學家皇帝奧里略提醒自己：「野心表示把自己的幸福繫於別人說什麼或做什麼……理智則表示將它繫於你自己的行動。」

做你該做的事。好好做。然後「聽天由命」。這樣就已經足夠。

認同和讚賞——那些是多出來的。拒絕則在別人，不在我們自己。

約翰．甘迺迪．涂爾（John Kennedy Toole）的偉大作品《愚人聯盟》（*A Confederacy of Dunces*）曾經被很多出版社拒絕過，他傷心之餘在密西西比州比洛克希（Biloxi）空蕩蕩的街道上，在自己的車裡自殺身亡。他死後他母親發現這本書，四處投石問路終於讓書得以問世，而這本書最後獲得普立茲獎。

想想看，他送出去的書稿和他母親送出去的有什麼差別？沒有，都是同一部作品。他的手稿和編輯付梓、銷售及得獎的書一樣優秀。如果他能夠理解這一點，或許就能讓他不會那麼傷心。他無法明白，但是他的痛苦例示至少讓我們可以看到，生命中的許多失敗和困境都是不公平的。

這也是為什麼我們不能讓外在因素決定一件事是否值得。決定權在我們自己。畢竟這個世界根本不在乎我們「想要」什麼。如果我們堅持想要或需要什麼，只會讓自己陷入怨恨或更糟的情況。

把事情做好就夠了。

鬥陣俱樂部的時刻

如果你隱蔽事實，把它埋入地底，它反而會茁壯，它會匯集爆發力，有一天當它破土而出，會摧毀擋在它路上的一切。

——法國作家埃米爾．左拉（Emile Zola）

要列出有多少成功人士曾經跌落人生谷底是列也列不完。「每個人都會經歷想法改變的轉折期」這樣的說法幾乎已經成為一種老生常談。但是那並不表示它不是真的。

J. K. 羅琳（J. K. Rowling）在大學畢業七年後，婚姻失敗、沒有工作、一個人快要養不起子女，甚至差點無家可歸。少年時期的查利．帕克（Charlie Parker）[5]以為

5 譯注：美國知名黑人爵士薩克斯風樂手。

自己在舞台上表現動人，跟其他團員合作無間，直到鼓手喬・瓊斯（Jo Jones）意帶羞辱地把響鈸仍向他要他下台。年輕時的林登・詹森（Lyndon Johnson）為了一個女孩被一位農村小子揍得半死，粉碎他自以為了不起的自我形象。

跌落谷底的方式有很多種。幾乎每個人在人生的某個時刻，都曾經以自己的方式觸底過。

在小說《鬥陣俱樂部》（*Fight Club*）中，主人翁傑克的公寓被炸毀。他所有的東西，包括他深愛的傢俱，全都沒了。後來才發現原來是傑克自己搞的鬼。他具有多重人格，其中一個人格「泰勒・德頓」（Tyler Durden）精心策劃這場爆炸，為了給他一個震撼教育，讓他可以從不敢嘗試任何事、渾渾噩噩的生活中清醒過來。結果他展開一場完全不同的旅程，而且是更加陰暗的人生。

在希臘神話中，主角經常會經歷所謂的「卡塔巴斯」（*katabasis*）[6]，或是「一種墜落」。他們被迫撤退或放棄，經歷消沉沮喪，或者在某些情況是真的落入冥界（underworld）。當他們再度出現，會帶著更高深的智識和理解。

---

6 譯注：古希臘神話很多故事以往返冥界為主題，稱為「卡塔巴斯」，內容主要是一位英雄前往冥界尋找只有在那裡才能得到的知識或東西。

今日我們稱之為「地獄」。我們每個人都有可能會跌進那樣的深淵裡。

我們周圍有各種狗屁倒灶的事。我們很容易分心迷惘。我們聽過各式各樣關於什麼能夠讓我們快樂、什麼才是重要的事的謊言。我們成為我們不應該成為的人，做著具有破壞性和糟糕的行為。這種不健康和自我所驅動的狀態會讓人逐漸痲木，變成幾乎是永久的。直到「卡塔巴斯」逼得我們去面對它。

困難的事由困難的事來打破。（*Duris dura franguntur.*）

自我越是強大，往往跌得越是慘烈。

如果可以不用這樣的方式得到教訓那該有多好。如果可以只是輕輕一推就能改正我們的錯誤；如果輕聲告誡就能驅散我們的幻想；如果我們能用理智戰勝自我。可惜就是無法如此。牧師威廉・薩頓（William A. Sutton）在大約一百二十年前就曾經說過：「要忍受屈辱才會懂得謙卑。」如果可以不用經歷這些挫敗該有多好，但有時候這是讓盲目的人得以清楚看見的唯一方法。

事實上，很多重要的人生轉變都來自我們被完全擊倒的時候，我們以為我們知道的每件事都變成虛假的。我們可以稱之為「鬥陣俱樂部的時刻」（Fight Club moments）。有時候那是自己造成的，有時候是被施加在我們身上的，無論原因為何，它們都會是巨大的催化劑，讓我們去做原本怕得不敢去做的改變。

選擇一段你生命中的時光（或許是你正在經歷的現在）：老闆當著全體員工的面前批評你；你和你所愛的人正在冷戰；Google快訊傳來一篇你希望不要出現的文章；接到債主打來的電話；聽到讓你嚇到說不出話的消息。

就是在這些時候，當衝擊讓你得以看見你以前沒有看見的事，你被迫要直視「事實」。你再也無法閃躲，再也無法假裝。

這時候你會有很多疑問：**我要怎麼理解這一切？我要怎麼站起來繼續向前？已經是谷底了，還是有更多苦難？有人說那是我的問題，我要怎麼改進？我怎麼會走到這一步？要怎麼樣才不會再發生？**

看看歷史，我們會發現這些讓人改變的事件似乎有三個特徵：

一、它們幾乎總是由外力或個人導致。

二、它們通常是我們已經知道的事（與自己相關），只是太害怕而不敢承認。

三、危機就是進步和改變的轉機。

每個人都懂得利用這樣的機會嗎？當然不是。自我會造成我們繼續往下墜落，阻礙我們變得更好。

難道二〇〇八年的金融危機不是一個機會，對很多人來說一切問題都昭然若揭？不負責任、過度舉債、貪婪、不老實、短線趨勢。對某些人而言，這是一記警鐘。但是對其他人來說，幾年之後，他們又回到原地。而下一次的打擊則會更加劇烈。

海明威年輕的時候就有了自己的低谷體悟。他把從中得到的領悟寫在歷久不衰的作品《戰地春夢》（*A Farewell to Arms*）中。他寫道：「這世界會打擊每一個人，但是經歷後很多人會因為受傷而變得更強大。而那些沒被擊倒的終將被毀滅。」

這個世界可以將事實攤在你眼前，但是沒有人可以強迫你接受它。

在十二步驟團體（12-step groups）[7]中，幾乎每個步驟都和控制自我，清除權利感、包袱和過去累積的模式有關——如此一來，你可以看見當過去所有那些殘餘都被消除了，只剩下真實的你。

我們總是忍不住想要投入「否認」這位老朋友的懷抱（也就是說，你的自我拒絕

7 譯注：風行歐美的戒癮行為課程。

相信你不喜歡的事情有可能會成真）。

心理學家常說，受到威脅的自我主義是地球上最危險的力量。想想看：幫派分子的「榮譽感」受到質疑會如何？自戀的人被拒絕會如何？霸凌者覺得丟臉會如何？騙子被拆穿了會如何？抄襲者或拍馬屁的人沒辦法再自圓其說又會如何？

當這些人走投無路時，你最好離他們越遠越好。你不會想要讓自己也陷入那樣的處境。處在那樣的境地，你會跟他們一樣心想：**這些人怎麼可以這樣跟我說話？他們以為自己是誰？我一定要他們付出代價。**

有時候因為我們無法面對別人說什麼或做什麼，我們會用難以想像的行為來回應難以承受的行為：我們讓自己陷入更糟的處境。這是自我最純粹也最有害的形式。

看看蘭斯．阿姆斯壯。他說謊，但是很多人也會說謊。但是當他說謊被揭露時，當他被迫要面對自己是一個騙子的時候（就算只有短短的片刻），事情變得越來越糟糕。儘管證據確鑿，他還是拒絕承認。他非要把其他人也拖下水。我們太害怕會失去自尊、失去別人的尊敬，所以我們打算要做出可怕的事。

「作不善者惡光、而不就光、恐所行見責。」《約翰福音》第三章第二十節寫道。小惡也好，大惡也罷，我們都會想要加以隱瞞。做壞事被公諸於世會讓人很不好過，無論是自我欺騙被拆穿或真正的犯罪——然而避不面對只是延遲了報應。能夠延遲多久，我們都不知道。

正視症狀，才能治療疾病。但是自我會讓這件事變得困難——拖延、孤注一擲、刻意逃避我們需要做的改變比較容易。

然而，改變始於聽見周遭人的批評和話語。即使這些話語代表激勵、生氣，甚至會讓人受傷。這表示要衡量這些話語，撇除不重要的，思考對你來說是重要的。

在《鬥陣俱樂部》中，主角必須炸毀自家公寓才能有最終的突破。我們的期待、誇大和缺乏節制也讓我們無法避免這樣的時刻，而且肯定會是痛苦的時刻。現在時候到了，你要怎麼做？你可以改變，或者你可以拒絕。

美式足球教練文斯・隆巴迪（Vince Lombardi）曾說：「球隊就跟人一樣，必須先屈膝受辱，才能夠再站起來。」所以，沒錯，跌落谷底確實就跟字面意義聽起來一樣殘忍。

但是從谷底再爬起來，你會得到全世界最有力量的觀點。歐巴馬總統在他充滿動盪和考驗的任期即將結束之際，曾經說過：「我就像是乘著小舟從尼加拉瓜瀑布一落而下，然後我浮出水面，我撐了過來，那是一種如此自由暢快的感受。」

如果可以的話，最好我們都不要有任何幻想。最好我們都不用或跪或站在鋒利的刀口上。那是我們在本書中花很多時間在談的事。但是如果那場戰爭失敗了，最後我們就會站在這裡。

到頭來，你能夠看到自己進步的唯一方式，就是站在你親手挖掘的洞穴邊緣，向下凝望洞內，面帶微笑看著岩壁上的斑斑抓痕，那正是你往上爬的印記。

劃定界線

唯有品格毀壞才會毀壞人生。

——馬可．奧里略

約翰．德羅寧因為過度野心、疏忽、自戀、貪婪，加上管理不善，最後把自己創立的汽車公司給搞垮了。壞消息越滾越多，事態明確且公開之後，你認為他會怎麼做？

他不得不接受現實嗎？他會承認不滿的員工們首次大聲說出來的那些錯誤嗎？他能夠（就算是稍微）反省他為自己、投資人、員工帶來這麼多麻煩的錯誤和決策嗎？

當然沒有。他反而做了一連串的事，最後以涉及六千萬鉅額毒品交易而被逮捕收場。沒錯，在公司開始走下坡之後——都是因為他不專業的管理風格所造成——他竟然認為解救公司最好的方法，是透過非法運送兩百二十磅的古柯鹼來籌措資金。

經歷當眾難堪的落網之後，令人難以置信的是德羅寧最後在起訴中提出遭到「誘捕」的抗辯。儘管他確實在一段影片中，手拿著一袋毒品，飄飄然又興奮地說：「這玩意兒跟黃金一樣讚。」

是誰造成德羅寧的挫敗？是誰讓情況變得越來越糟糕。毫無疑問，答案是：他自己。他自掘墳墓，越挖越深，直到通向地獄。

如果他能及時停損就好了。假如在任何時候，他曾經問說：我真的想要變成這樣的人嗎？

人們時時都會犯錯。創辦公司的時候以為自己能夠好好管理。懷抱雄心壯志，只不過有點不切實際。這些都沒有問題；畢竟身為企業家、創作者，甚至商業執行者就是必須如此。

我們會冒險犯難。我們也會失敗。

問題在於，一旦把自我認同跟工作綁在一起，我們不免擔心任何失敗將會表示我們這個人有問題。我們害怕要承擔責任，害怕要承認自己搞砸了。這就是所謂的「沉沒成本謬誤」（sunk cost fallacy）[8]。所以我們會把金錢和時間投入不好的事，結果就是讓事情變得更糟糕。

那種感覺像是四周逐漸被包圍起來。你會覺得自己被背叛，或是你的心血被奪走了。這些都不是理性和好的情緒，會讓你無法採取理性和好的行動。

自我問說：**為什麼這樣的事會發生在我身上？我要怎麼做才能挽回局勢，向大家證明我跟他們想的一樣厲害？**這是對於自身弱點的動物性恐懼，即便是展現最微小的弱點。

你看過這種情況。你也做過這樣的事。拚命對抗某件事，結果只是讓情況變得更難堪。

這不是成就大事的方法。

以賈伯斯為例。他被蘋果公司開除完全是他咎由自取。但如果從他後來的成就來看，蘋果公司開除他的決定似乎是一個不好的領導示範。然而，那時候的他根本難以管理。他的自我完全失控。如果你是蘋果的執行長約翰·史考利（John Sculley），應

8 譯注：沉沒成本是指已經付出的成本，是無法回收的損失。沉沒成本謬誤則是基於人們討厭損失或覺得可惜，反而會投入更多時間或金錢成本去補救。

該也會請當時那個版本的賈伯斯捲鋪蓋走路。這麼做是正確的。

賈伯斯被炒魷魚之後的反應是可以理解的。他哭喊。他抗爭。當情勢難以挽回，他賣掉一切，除了蘋果公司的股票。他發誓不要再想這個傷心地。接著他創立自己的公司，全心全意投入。他試著從過去失敗的根本原因中記取教訓，學習如何避免管理錯誤。後來他又成立了皮克斯（Pixar）公司。過去的賈伯斯極度自我，連殘障車位都敢停，只因為他可以；然而面對這個緊要關頭，他的回應方式令人意外。總之就是對深信自己能力的企業領導們保持謙遜。他努力工作直至能夠再度證明自己，而且顯然戒除造成他一開始會失敗的缺點。

成功或有權力的人往往無法做到如此。在他們面臨痛苦失敗時尤其做不到。以美國流行品牌American Apparel的創辦人達夫・查尼（Dov Charney）為例。在他虧損三億美元，以及鬧出無數醜聞之後，公司給他一個選擇：卸下執行長的職務，以創意顧問（薪水優渥）的身分繼續領導公司，或者被解僱。他拒絕這兩個選擇，挑了一個更糟的方式。

他告上法庭，以他在公司的所有資產為賭注，透過避險公司發動一場惡意收購，並且堅持以調查和審判來檢視自己的作為。結果證明他並不冤枉。他的私生活被放上新聞頭條，難堪的細節也全被揭露出來。他選任的律師過去幾度因為性騷擾和財務違規而提告查尼，而查尼也曾反控對方勒索和誣告。現在兩人竟然聯手合作。American Apparel花了超過千萬美元不必要的支出才擺平查尼。法官發出一道限制令。公司業績下滑。最後公司為了繼續經營下去，不得不裁掉工廠作業員和資深員工，而當初查尼就是宣稱為了保護這些員工而戰！一年後，公司破產，查尼也散盡家產。[9]

正如同雅典政治家阿爾西比亞德將軍（Alcibiades）的不光彩行徑。在伯羅奔尼撒戰爭（Peloponnesian War）中，阿爾西比亞德起初為自己珍愛的祖國雅典而戰。後來他因為酒後犯罪（或許有犯下，或許沒有）而被驅逐，轉而投靠雅典的世仇斯巴達。接著他又因為和斯巴達人發生衝突，叛逃到波斯——雅典和斯巴達的死敵。最後他被召回雅典，但是他入侵西西里的野心計畫卻讓雅典人最終走向滅亡。

自我會殘害我們所愛的一切。有時候它也幾乎會殘害我們自己。

亞歷山大・漢密爾頓（Alexander Hamilton）是下場最不必要地悲慘的美國開國元

9 原文注：我見證了這一切，覺得很痛心。

勛，他對於自我應該沒什麼智慧好分享的。然而，事實上他有（如果在他那場致命的決鬥前，他可以記得自己說過的話）[10]。他的一個朋友因為自身的錯誤而陷入財務和法律困境，他致信心煩意亂的友人時說道：「懷著勇氣和榮譽而行。如果無法合理期待可以順利擺脫困境，不要越陷越深。鼓起勇氣到此為止。」

到此為止。意思並不是說這些人要放棄一切。如果一個鬥士不懂得認輸，或者一個拳擊手不知道什麼時候要退場，只會弄得自己傷痕累累。這不是開玩笑的。你必須能夠綜觀全局。

可是當自我掌控一切時，誰有辦法做到？

假設說你失敗了，甚至失敗是你自己造成的。世事難料，而且有時候運氣就是太差。這樣的遭遇一點也不好玩。重點在於：你要讓事情變得更糟？或者你要有尊嚴且完整地撐下去？你打算來日再戰嗎？

當一個球隊看起來快要輸了的時候，教練不會召集球員然後對他們說些假話。相反地，他會提醒他們要堅守本分和盡全力，然後要他們回到球場上好好表現。當他們

10 譯注：一八〇四年，美國前財政部長亞歷山大．漢密爾頓與時任副總統的阿龍．伯爾（Aaron Burr）因故進行一次決鬥。伯爾的致命一槍造成漢密爾頓喪命。

拋開贏球和奇蹟出現的念頭，一個好的團隊就可以發揮最好的水準完成比賽（而且讓其他非先發的球員也有上場機會）。有時候甚至能夠逆轉局勢贏球。

多數困境都是一時的……除非你讓問題變得更嚴重。重新攀上高峰並不是什麼偉大的行動，而是一步一步前進——除非你的解藥比病症多得多。

只有自我會認為失敗或出糗不只是失敗或出糗。歷史上多得是遭遇極度挫折之後又重新建立長久且美好生涯的人。政治人物因為行為失當而敗選或丟官，但是經過一段時間之後重新上台。票房失利的演員、遇到瓶頸的作家、失態的名流、犯錯的父母、公司岌岌可危的企業家、被解僱的經理人、被除名的運動員、缺乏憂患意識的市場精英。這些人都跟我們一樣感受到失敗的威脅。但是當我們失敗了，我們有所選擇：我們要讓情況變成對自己和他人來說是雙輸的局面？或者是輸了……然後再贏回來？

人生失敗在所難免。這是事實。就像醫生有時候也必須「宣布死亡」。他們必須這麼做。

自我告訴我們：我們是不會被動搖的、是一股無法被阻擋的力量。這樣的妄想會造成問題。一旦遇到失敗或困境，它會不擇手段：投注一切在瘋狂的計畫上；訴諸陰謀詭計或怪力亂神——即便一開始你就是因為這麼做才會走到痛苦的這一步。

在人生的任何時刻，我們可能會充滿抱負、成功，或是失敗——就算此刻你是失敗的。我們知道這些處境都是暫時的，它們不代表你生而為人的價值。當成功開始從你的指尖溜走，不論原因為何，我們要做的不是緊緊抓住它，把它捏得粉碎。而是你必須知道，你要努力讓自己回到追求成功的階段。你必須重拾根本的原則和最佳的實踐。

哲學家塞內卡曾說：「畏懼死亡的人從來不做任何值得活著的事。」套用這樣的句子：不計代價躲避失敗的人，幾乎可以確定會做出應當獲得失敗的事。

唯一真正的失敗，是放棄你的原則。因為無法忍受失去而扼殺你所愛的，簡直是自私又愚蠢。而如果你的名聲無法承受一些打擊，那麼一開始它就一文不值。

維持你自己的計分卡

我從不回頭看，除非為了找出錯誤……當你回想你覺得驕傲的事，我只看見危險。

——德國政治學家伊莉莎白．諾艾爾．諾依曼（Elisabeth Noelle-Neumann）

二〇〇〇年四月十六日，新英格蘭愛國者隊從密西根大學的球員中多挑了一個四分衛。他們已經探查過他的底細，也觀察他好一陣子。見他還是開放的，於是便選中他。那是第六輪選秀，第一百九十九枚選秀籤。[11]

那個年輕的四分衛叫做湯姆．布雷迪（Tom Brady）。

11 譯注：選秀共分七輪，三十二支球隊在每輪都會獲得一個選秀權，並根據一套平衡機制進行。

他在新手賽季一開始只是第四線球員。到了第二個賽季，就成為先發。那一年新英格蘭愛國者隊拿下超級盃冠軍。布雷迪獲選最有價值球員。

如果從投資報酬率來看，這可能是美式足球史上最值得的單一選秀：四枚超級盃冠軍戒指（總共贏得六次）、十四季先發、一百七十二場勝利、四百二十八次達陣、三次最有價值球員、五萬八千碼的傳球碼數、十次入選全明星賽，比歷史上其他任何四分衛擁有更多冠軍頭銜。紅利還沒結束。布雷迪可能還有更多賽季會登場。

愛國者隊的管理決策者應該都會對這樣的結果欣喜若狂吧！沒錯，他們確實如此。不過他們也對自己感到深深的失望。布雷迪令人意外的能力表現，證明了愛國者隊的球探根本差得遠了。顯然在評估球員時，他們疏忽或錯估了他各種無形的特質。他們竟然讓這塊瑰寶等到第六輪選秀。他可能會被其他球隊選走。甚至他們根本不知道選了布雷迪究竟對不對，直到當家的先發球員德魯・布萊索（Drew Bledsoe）負傷下場，他們才發現布雷迪的潛力。

因此，儘管押對寶了，但是愛國者隊把重點放在情報失靈，因為這樣的錯誤原本可能會導致他們失去這個選秀。他們並非吹毛求疵，也不是追求完美主義。他們只是堅持更高的表現標準。

愛國者隊的人事主管史考特・皮歐里（Scott Pioli），多年來在他的辦公桌上一直擺著一張戴夫・史塔切爾斯基（Dave Stachelski）的照片，他是球隊在第五輪選秀中看上的球員，可是連訓練期都沒有熬過去。這是一個提醒：你沒有你以為的那麼厲害。你沒有搞懂一切。保持專注。讓自己做得更好。

傳奇籃球教練約翰・伍登也深信這一點。他和他的球隊是否成功達到目標並不是由計分板上的分數來判定——那也不是決定勝利的要件。棒球和美式足球雙棲好手博・傑克遜在擊出全壘打或達陣時，不會覺得自己有什麼了不起，因為他知道「他還沒有做到無懈可擊」。（事實上，那也是為什麼他擊出在大聯盟的第一支全壘打之後沒有把球要回來；對他而言，那不過是一個中間偏上的滾地球。）

這是偉大人物們的思想特色。並不是說他們在每個成功中都看到失敗的可能。他們只是堅持一種比社會所認為的客觀成功更高的標準。因為如此，他們不在乎別人怎麼想；他們在乎的是他們有沒有達到自己的標準。而這些標準比其他人的標準還要高上許多。

愛國者隊認為選中布雷迪並非他們慧眼識英雄，而是他們幸運。有些人會理所當然把好運歸於自己的功勞，但是他們沒有這麼做。沒有人會說愛國者隊（或是任何美式足球聯盟的球隊）沒有自我。但是在這個例子中，相較於慶祝和慶幸，他們低下頭，專注於怎麼讓自己做得更好。這就是謙卑的力量——不論對組織、個人或專業皆是如此。

對了，這麼做不必然會讓人好過。有時候可能還會感覺像是自討苦吃。但是這麼做會讓你不斷進步、不斷改進。

自我無法看見一個問題的兩面。它只看見別人的肯定，所以它沒辦法變得更好。切記，「凡是愛虛榮的人只聽得進讚美的話。」自我只看見好的部分，看不到不好的部分。這也是為什麼或許你會看見自大的人暫時領先，但是他們幾乎難以持續下去。

對我們來說，計分板不會是唯一的計分板。華倫．巴菲特說過同樣的話，他認為要區分內在的評分卡和外在的評分卡。你的潛力，你所能做到的最好——那才是你衡量自己的指標。那是你的標準，只有勝利是不夠的。人有可能同時擁有運氣和勝利。人有可能是個討厭鬼但也獲勝了。誰都可以贏，但並不是每個人都會成為最好版本的自己。

聽起來很殘酷？確實。但是反過來想，那表示就算偶爾失敗了，你也能夠如實地保持自尊自重。當你把自我排除在等式之外，別人的想法和外部的標準就不是那麼重要。那麼做並不容易，但是終歸而言那就是「韌性」的公式。

經濟學家（和哲學家）亞當・斯密（Adam Smith）對於聰明的人和好人如何衡量他們自己的行動自有一套理論：

> 在兩種情況中，我們會努力以公正的旁觀者（impartial spectator）的角度檢視我們自己的行為：首先是即將採取行動之前；接著是在行動之後。在這兩種情況下，我們的看法都很容易偏頗；但是當最重要的是在不應該偏頗的時候，我們最容易偏頗。當我們即將採取行動時，熱情渴望讓我們難以用一個漠然者的公正觀點思考自己在做什麼，無法保持客觀……當行動結束之後，激起的熱情確實開始消退，我們可以更冷靜地採取漠然的旁觀者（indifferent spectator）的觀點。

相對於社會經常會給予我們的各種毫無根據的掌聲——儘管那不只是關於認可——「漠然的旁觀者」是一種準則，我們可以據此判斷自己的行為。

想想那些以「嚴格來說不算犯法」為藉口替自己行為開脫的人，不論是政治人物、有權力的企業領導者之類的人。想想你是否曾經以「沒有人會知道」來粉飾自己的行為。這些都是自我喜歡利用的道德灰色地帶。用你的標準（內在標準、漠然的旁觀者，或任何其他方式）檢視你的自我，會讓你更不可能去容忍過度或不當的行為。因為重點不在於你是否可以逃過懲罰，而是你應不應該做那件事。

一開始這會是一條比較艱辛的道路，但是這麼做最終會讓我們變得比較不自私自利。一個以自己的標準衡量自己的人，不會像那些以掌聲來決定成功的人那樣追求注目。一個有長遠思考的人也不會因為一時受挫就自怨自艾。一個重視團隊的人會以多數其他人做不到的方式分享個人的榮譽和利益。

想著情況有多順利或我們有多棒只會讓我們原地踏步，或許就只能帶我們走到現在這裡。但是我們想要走得更遠，我們想要更多，我們想要繼續進步。

自我會阻礙這一切，所以我們必須以持續精進的標準來檢視它、摧毀它。並不是說我們要貪婪地永無止盡追求更多；相反的，我們要一步一步真正地向前，用紀律克服脾氣。

以愛相對

我們何必對這個世界生氣？
還以為它會注意到！

——古希臘悲劇作家尤里比底斯（Euripides）

一九三九年，一個名叫奧森・威爾斯（Orson Welles）的天才少年收到一份好萊塢史上前所未聞的合作協議。雷電華電影製片公司讓他可以在自選的兩部電影中身兼編劇、演員和導演。在他的初試啼聲之作，他決定要講述的故事是：一個神祕的報業大亨淪為其龐大帝國與生活方式的階下囚。

聲名狼藉的媒體巨擘威廉・倫道夫・赫茲（William Randolph Hearst）對號入座，認為這部片是根據他的生活改編，更重要的是還冒犯了他。於是他用盡一切手段展開一場摧毀行動，打算毀了這部偉大的作品。而且一開始他確實如願了。

這麼做實在很有意思。首先，赫茲非常可能根本沒有看過這部電影，所以他對於劇情講些什麼一無所知。第二，電影並非有意要影射他，或者至少不是只有他。（據我們所知，劇中主角查爾斯・福士特・凱恩是融合了幾位歷史人物的特色，包括山謬・英薩爾[12]、羅伯特・麥考密克[13]；電影靈感也深受喜劇演員卓別林的角色和作家阿道斯・赫胥黎筆下人物的影響；而且這部片意不在醜化誰，而是賦予角色更多人性。）第三，赫茲是當時世界上最有錢的人，已經高齡七十八歲，垂垂老矣。為什麼他要花這麼多時間去抵制一個新銳導演所拍攝的無關緊要的虛構電影呢？第四，正是由於赫茲的行動，反而讓更多人知道這部電影，也讓大眾看到赫茲如何無所不用其極操控一切。諷刺的是，相較於任何評論，是他自己的作為鞏固了他的罵名。

所以說，這就是怨恨的悖論。它所招致的結果恰恰與我們希望達成的目標相反。在這個網路世代，我們稱這個現象叫做「史翠珊效應」（Streisand effect，以歌手暨演

12 譯注：Samuel Insull，出生英國的美國商業鉅子，十九世紀末至二十世紀初在芝加哥創辦新興電力事業，對美國的電力基礎建設和發展具有重大貢獻。

13 譯注：Robert McCormick，美國知名律師、商人和反戰運動份子。

員芭芭拉・史翠珊的類似行動為名，她想要透過法律行動移除被放在網路上的一張住家照片。但結果事與願違，反而讓比事件揭露前更多的人看到照片）。出於怨恨或自我而想要毀滅某樣事物，往往只會讓它永遠存在而且更為人所知。

赫茲花在這件事情上的時間實在很荒謬。他先派出他最有影響力和最有效率的八卦專欄作家盧埃拉・帕森斯（Louella Parsons）到片廠要求試片。根據帕森斯的觀後感，赫茲決定盡己所能阻止電影公開上映。他指示旗下報紙不准提到雷電華出品的電影——威爾斯拍攝的《大國民》（*Citizen Kane*）——沒有任何理由。（十多年後，這道威爾斯禁令仍然適用於赫茲的所有報紙。）赫茲的報社開始挖掘威爾斯的負面新聞和私生活。他的八卦專欄作家還威脅用同樣手法對付雷電華董事會的每個成員。赫茲也威脅整個電影產業，逼其他片商龍頭杯葛這部作品。他提出以八十萬美元買下電影版權，這樣才能將它燒掉或摧毀。多數連鎖戲院在壓力之下拒絕上映此片，赫茲名下的資產也都不准出現它的廣告。他的支持者還向各個相關當局舉報各種傳言，在一九一四年，由埃德加・胡佛（J. Edgar Hoove）主持的聯邦調查局對威爾斯展開調查。

結果是電影票房失利。得經過多年它才總算找到了它在文化中的地位。而赫茲砸大錢又費心思，才有辦法加以阻擋。

每個人都有會讓自己生氣的罩門。當我們越是成功或越有權力，我們就會更加覺得應該要捍衛自己的名聲、形象和影響力。可是這麼做，不小心的話，結果往往只是浪費無數的時間試著讓這個世界不要讓我們覺得不開心或不受尊重。

想想數千年來人們出於憤怒所造成的無謂傷亡和浪費，不論是對他人、對社會，還是對他們自己。他們為了什麼？理由幾乎早就被遺忘了。

你知道面對攻擊、輕視或你不喜歡的事情，更好的回應方式是什麼嗎？愛。沒錯，就是「愛」。對不願意把音樂關小聲的鄰居、對讓你失望的父母、對弄丟你文件的公務員、對拒絕你的團體、對批評你的評論者、對竊取你商業點子的前合夥人、對欺騙你的混蛋前任——以愛相對。

因為就像某一首歌的歌詞所說的：怨恨每次都會找上你。

好吧，或許要你無論面對什麼情況都選擇以愛相對太難了。但是你至少可以試著放手。你可以試著搖搖頭，一笑置之。

若非如此，這個世界將見證另一個永恆的悲傷模式：有錢有勢的人一旦遇到不如己意的事，就會陷入妄想和孤立，他會被這樣的情緒給吞噬了。讓他得以成功的動力，突然間變成巨大的弱點。他會把小麻煩變成大問題。傷口惡化，然後被感染，甚至可能會致命。

前美國總統尼克森經歷崛起但令人遺憾地又墜落就是如此。他後來自我反省，承認他一輩子的形象就是一個好鬥的戰士，在充滿敵意的世界裡不停戰鬥，而這正是他垮台的原因。他周圍都是所謂的「硬漢」。人們都忘了在水門事件過後，尼克森依然以壓倒性的票數再度當選總統。但是他沒有記取教訓——他繼續鬥爭、迫害記者、回擊膽敢質疑或輕視他的每個人。這樣的故事持續下去，最終讓他沉落谷底。就如同多數這樣的人，最後他對自己造成的傷害勝過任何其他人。而問題的根源就在於他的仇恨和憤怒，就算當上全世界最有權勢的領導者依舊無法改變。

其實不需如此。作家布克．華盛頓曾經轉述政治家弗雷德里克．道格拉斯告訴他的一段軼事：在某趟旅程中，因為他的膚色而被要求換到行李車廂。一名白人支持者趕緊上前為這樣無禮的冒犯表示歉意：「實在很抱歉，道格拉斯先生，讓您因此受辱了。」

但是道格拉斯一點也不覺得被侮辱。他沒有生氣。他不覺得受傷。他熱情地回答說：「他們無法侮辱弗雷德里克．道格拉斯。誰也無法貶低我內在的靈魂。這樣的對待方式，受辱的人不是我，而是對我做這件事的那些人。」

當然，要抱持這樣的態度極其困難。怨恨比較容易。回擊也是人之常情。

然而，像弗雷德里克・道格拉斯這樣的偉大領導者有個特點是，相較於憎恨敵人，他們反而會對敵對者感到同情和憐憫。以非裔人權運動領袖芭芭拉・喬登（Barbara Jordan）為例，一九九二年她在民主黨全國大會上提出一個動議：「……愛。愛。愛。愛。」想想馬丁・路德・金恩（Martin Luther King Jr.），他不斷向世人宣導，仇恨是一個沉重的負擔，愛才能讓人自由。愛能讓人改變，仇恨則使人衰弱。在一次最知名的佈道中，他更進一步說道：「我們要藉由認識自己，開始去愛我們的敵人，愛那些無論在集體生活或個人生活中恨我們的人。」我們必須卸下保護我們、讓我們窒息的自我，因為正如金恩所言：「在任何時候，恨就像是癌細胞，會啃蝕生命和存在的活力中樞。它就像是具有腐蝕性的強酸，會慢慢侵蝕掉你人生最好和最客觀的中樞。」

仔細思考一下。你不喜歡什麼？聽到誰的名字會讓你反感和生氣？現在問問自己：這些激烈的情緒真的有助你完成任何事情嗎？

再更仔細想一想。仇恨和憤怒真的曾經讓任何人達成任何事嗎？

尤其是因為普遍來說，那些會惹惱我們的特質或行為——不誠實、自私自利、懶散——幾乎不會帶來好下場。這樣的人遲早會因為他們的自我和短視近利而自找罪受。

我們必須問自己的問題是：我們想要變得像那些人一樣可悲嗎？

想想奧森．威爾斯面對赫茲長達數十年的抵制，他都是如何回應。根據他的自述，在電影首映會當晚——那部赫茲千方百計想要阻止和摧毀的電影——他在電梯裡巧遇赫茲。你知道他做了什麼嗎？他邀請對方一起參加首映會。赫茲拒絕了，威爾斯開玩笑地說，如果是查爾斯．福斯特．凱恩就會接受邀約。

過了很長的時間，威爾斯在那部電影中所表現出來的才華總算被世人承認。但是無論如何，威爾斯堅持不懈，他繼續拍攝電影和製作其他奇幻藝術。從各方面來說，他都過著充實又快樂的生活。最終，《大國民》一片也取得影史上的重要地位。電影上映後七十年，它終於在現在已是州立公園的加州聖西蒙（San Simeon）的赫茲堡（Hearst Castle）[14]播放。

他遭遇的各種事件並不公平，但是至少他沒有讓它們毀了他的人生。如同威爾斯

14 譯注：威廉．倫道夫．赫茲所建立，於一九一九年開始規畫，一九五七年完工。赫茲死後，由於高額的遺產稅，其家族將城堡及附近莊園捐給加州政府。

相交二十多年的女友在他的悼念詞中所說的：「我敢保證，他沒有怨恨在心。」這裡指的不只是赫茲，還包括他在殘酷的電影圈打滾多年所遭受的輕視和冷言冷語。換句話說，他沒有變得跟赫茲一樣。

並不是每個人都有辦法採取這樣的回應方式。在人生的不同階段，我們會有不同的包容力和理解力。雖然有些人可以繼續往前走，但是他們會背負著不必要的怨恨。還記得前面提到那位突然變成「金屬製品」樂團吉他手的柯克．哈米特？而被「金屬製品」踢走的戴夫．馬斯泰恩，後來成立另一個樂團「麥加帝斯」（Megadeth）。就算這個樂團得到令他自己都難以置信的成功，可是他內心依然對於多年前的遭遇充滿憤怒和怨恨。他因此染上癮症，還差點丟了性命。過了十八年他才開始能夠逐漸釋懷，但是他覺得被傷害和拒絕的往事還是歷歷在目。他曾經透過鏡頭對以前的團友說話，當你聽他述說時，會以為他過得多麼淒慘落魄。但事實上他的唱片大賣百萬張，他做出很棒的音樂，他過著巨星般的生活。

我們都感受過這樣的痛苦——套句馬斯泰恩的歌詞，「黑牙咧嘴微笑」（smile[d] its blacktooth grin）。執著於過去的事，對於誰做過什麼事或事情應該要如何耿耿於懷，除了痛苦，這也是自我惹的禍。其他人都放下往前走了，但是你做不到，因為你除了自己，看不見任何東西。你無法接受別人可能會傷害你，不管有意或無意。所以你心中充滿怨恨。

在失敗或困境中，要怨恨很容易。怨恨可以逃避責難；是其他人要為此負責。它也會讓人分散注意力；整天忙著想要討公道或追究可能發生在我們身上的錯事，我們就無法做其他事。

這麼做會讓我們離目標更近嗎？不會。它會讓我們原地踏步，或者更糟糕的是，完全箝制我們的發展。假如我們已經成功了，就像赫茲那樣，這麼做會讓我們的傳奇蒙上一層灰，讓本來應該屬於我們的黃金年代變調走味。

與此同時，愛就在那裡。無私、開放、樂觀、敏感、平和，而且充滿價值和成效。

對於接下來會發生的每件事，自我都是你的敵人……

我不喜歡工作，沒有人喜歡。但是我喜歡包含在工作裡的——發現自己的機會。

——英國知名作家約瑟夫．康拉德（Joseph Conrad）

在威廉．曼徹斯特（William Manchester）所寫的邱吉爾傳記三部曲中，第二卷的標題叫做《獨行》（*Alone*）。有整整八年的時間，邱吉爾幾乎是孤軍奮戰，對抗短視近利的同輩人，也對抗法西斯主義崛起對西方世界帶來的威脅。最終邱吉爾再度取得勝利。不過後來他又一次遇上挫敗。然後又再次證明他是對的。

凱薩琳．葛蘭姆接手家族的報業帝國時勢單力薄。二〇〇〇年代中期，報業急遽衰退，他的兒子唐諾·葛蘭姆（Donald Graham）為了要保住公司，想必也感受到同樣的壓力。但是他們都熬過來了。你也可以的。

沒有辦法，就是如此：我們都會經歷困難。我們都會遭遇挫折。如同班傑明·富蘭克林所說的，那些「飲盡杯底的人，必須有看見殘渣的心理準備」[15]。

但是假如那些殘渣並不是那麼不好呢？就像哈羅德·吉寧所說的：「人們從失敗中汲取教訓。可是他們很少從成功中學到什麼。」這也是為什麼古老的凱爾特諺語告訴我們：「多看、多學、多經歷，才是通往智慧的道路。」

你現在所面臨的，可以是、應該是，也會是這樣的一條道路。

智慧，或無知？自我是其中的關鍵。

追逐夢想的每一步會帶領我們走向成功（和失敗）。成功會創造出它自己的困境（但願也有新的志向）。困境則會激起人的希望，並且創造出更多的成功。這是一個無盡的循環。

我們都活在這樣的連續過程中。在人生的不同時點上，站在這個過程的不同位置

15 譯注：引伸意涵為：既然你打算要拚到底，就必須做好最壞的打算。

上。但是當我們真的失敗了，感覺肯定很糟糕。這一點無庸置疑。

無論接下來會發生什麼事，我們很確定有一件事是我們必須要避免的：自我。它會讓我們的每一步都變得更加困難；它能確保的只有失敗。除非就在此時此刻，我們能夠從自己的錯誤中學習。除非我們把失敗當做是一個更加了解我們自己和想法的機會，否則自我會讓失敗成為我們真正的歸宿。

所有偉大的男男女女都是經歷過困境才能夠走到他們後來到達的地方，而且他們所有人都曾經犯錯。他們從那些經驗中得到一些收穫——就算只是領悟到他們不可能不會犯錯，而且事情不會永遠如己所願。他們明白自覺（self-awareness）是通過和走出困境的方法；如果沒有自覺，他們無法變得更好，也沒有辦法再次成功。

這也是為什麼我們以他們的真言為指引，從而讓我們可以撐過人生旅程的每個階段，並且成長茁壯。他們的真言很簡單（儘管從來都不容易做到）：

不要出於自我而去追逐或尋找夢想。

邁向成功但千萬別落入自我。

以實力而非自我挺過失敗的考驗。

結語

在我們的生命裡都會發生像是內戰的東西。靈魂的南方桀驁不馴，起身反抗靈魂的北方。每個生命的基本結構裡都有這種持續的衝突。

——馬丁．路德．金恩（Martin Luther King Jr.）

如果你現在正看到這裡，那麼你已經撐到最後了。有些人恐怕早已半途而廢。老實說，我自己也不確定能夠讀完。

你有什麼感覺？疲憊？困惑？如釋重負？

與一個人的自我正面交鋒不是一件容易的事。首先要接受自我可能就在那裡。接著是檢視它和批判它。我們多數人都難以應付令人不安的自我檢視。做其他事情都比這個容易——事實上，有些世界上最驚人的成就，無疑就是源於想要逃避面對自我的黑暗面。

無論如何，光是能夠讀到這裡，你已經給了自我重重的一擊。雖然這樣還不夠，但是至少有了開始。

我的哲學家暨武術家好友丹尼爾・波雷利（Daniele Bolelli）曾經給我一個很有幫助的譬喻。他解釋說，訓練就像是掃地。掃過一次，不代表地板就永遠乾淨了。每天都會有灰塵落在地板上，我們每天都必須清掃。

自我的情況也是如此。日積月累下來，落在自我上面的灰塵和髒污會造成令人難以想像的損害。而且它們累積的速度之快，最終會變得無法控制。

達夫・查尼被American Apparel公司的董事會解僱之後沒幾天，有天凌晨三點他打電話給我。他悲憤交加，深信會落得這樣的下場完全不是他自己的錯。我問他：「達夫，你打算怎麼辦？你要像賈伯斯那樣另起爐灶，開一家新公司嗎？還是你要回去東山再起？」他沉默片刻，然後用我在電話這頭也能明顯感受到的認真口吻說：「萊恩，賈伯斯死了。」對他來說，在這樣的混沌狀態中，這次的失敗打擊某種程度上就跟死了沒兩樣。那是我們最後幾次的對話。接下來幾個月，我震驚地看著他重創自己投入一切心血所建立的公司。

那實在令人難過，對我的影響很深。

多虧上帝恩典，我才能逃過一劫。若非上帝恩典，任誰都會遭殃。

我們都曾經以自己的方式經歷過成功與失敗。在寫作這本書的階段，我努力提出的企畫案被拒絕了四次，草稿也被退過無數次。若是以前的工作，我很肯定自己會被這樣的壓力給打倒。說不定我早就放棄了，或者試著找其他人合作。或許我會堅持己見，根據自己的想法行事，從而毀了這本書。

在這個過程中的某一個時刻，我想到一個充滿療癒的好方法。每當我完成一篇初稿之後，我會把那些紙張都撕掉，塞進放在車庫的堆肥機裡。過了幾個月，這些令人痛苦的廢紙都化為滋養院子的土壤，我還可以赤足走在上面。這是一種和更廣大世界真實且有形的連結。我提醒自己，一旦我死後也會經歷這樣的過程，我會融入自然裡。

在寫作和思考你所讀到的書中這些觀念時，我得到一個最具有解放力量的領悟。我突然想到，認為我們的生命是永垂不朽的「重要歷史遺跡」這樣的觀念，實在是一個深具破壞性的幻想。任何充滿理想抱負的人一定都知道那樣的感覺——你必須做大事、你必須達到目標，否則你會變成沒用的失敗者，全世界都會與你作對。這樣的壓力很沉重，最終我們都會為之崩潰或被擊倒。

當然，事實並非如此。沒錯，我們都有內在的潛力。我們都有目標和想要完成的事，我們知道自己做得到——不論是創業、創作、贏得冠軍，或者成為個人領域的佼佼者。這些都是值得追求的目標。而一個身心破碎的人做不到這些事。

問題在於，自我會侵襲這些行動，破壞它們，在我們開始實踐之際橫生阻礙。在我們展開旅程或是成功達成目標的時候，它會在我們耳邊扯謊；更糟的是，在我們一路跌跌撞撞的時候，它不斷說著令人痛苦的謊言。自我就跟毒品一樣，一開始會讓人錯誤地沉迷於求勝和飛黃騰達。問題是很快它就會自尋死路。這就是一個人為何會落入像我和達夫．查尼通話之際他那種超現實的狀態，或是本書中提到的各種具有警示性的故事下場。

然而，在我工作和生命的過程中，我發現自我所帶來的結果往往並非如此災難性的。你生命中遇到的很多人，還有這個世界的多數人，他們受自我主宰而行動，可是並沒有承受我們從小被教導要相信的業報中所謂的「罪有應得」。我也希望問題可以如此簡單就好。

相反的，他們的下場更接近我很喜歡的一本書《薩米如何飛黃騰達？》（*What Makes Sammy Run?*）的結局，這本小說的作者是巴德・薛伯格（Budd Schulberg），故事主角則是以塞謬爾・戈德溫（Samuel Goldwyn）或大衛・賽茲尼克（David O. Selznick）這些娛樂企業家的真實生活為本。小說的敘事者前往一名善於算計、冷酷無情又自我中心的好萊塢大亨富麗堂皇的豪宅，對方的快速崛起令他羨慕又不解，最終甚至感到厭惡。

在生命脆弱的時刻，敘事者一窺了富豪的真實人生：寂寞、婚姻空洞、恐懼、不安，一刻都沒辦法停下來。他發現他原本希望這個人因為不遵守法律和欺騙而受到懲罰（惡業），但是懲罰並沒有到來。因為它已經在那裡了。他寫道：

> 原本我期望能有所謂終局的懲罰，但是現在我明白，「他接下來會發生什麼事」並不是一種突然的報應，而是一個過程，一個像瘟疫一樣肆虐他出生地的傳染病，而他在出生之際便已染上；那是一個慢慢侵蝕他的癌症，症狀逐漸出現且越來越嚴重：成功、孤獨、恐懼。他害怕所有聰明的年輕人，他怕更新、更有活

力的薩米．葛利克會崛起並打斷他、威脅他，最終將他取而代之。

那就是自我的展現方式。而那不就是我們極力想要避免的結果嗎？

最後我要分享一件事，希望讓這一切回到最初的原點。我在十九歲的時候讀到上面這段話，是一位經驗豐富的導師指定我閱讀的，因為當時我在娛樂產業也算是少年得志。如同他所預料的，這本書讓我獲益良多，也對我影響深遠。

接下來幾年，我也走進跟書中人物一樣的境況。不只是步入富麗堂皇的豪宅，看著自己欽羨的人可以預期且無可避免的崩潰失志。之後不久連我自己也差點被擊垮。

我知道那段話深得我心，因為當我執筆這篇結語的時候，我發現那本書的頁面上有我自己當初寫下的感想，那是多年前寫的，描述我閱讀後的反應，就在我開始航向這個世界的前一刻。顯然我知道作者薛伯格要說些什麼，不論理智上或情感上——但無論如何我還是做了錯誤的選擇。我只掃了一次地，以為這樣就夠了。

閱讀並寫下感言的十年後，我又再度準備好了。那些教訓以我需要的方式又再度令我豁然開朗。

德國首任宰相俾斯麥曾經說過，實際上，連笨蛋都能從經驗中學習。然而訣竅在於從「別人的」經驗中學習——這也是本書的起心動念。不過令我意外的是，寫到後來有很多都是自己的經驗。我一開始的目標是要認識自我，然後檢視我自己的自我，以及那些我景仰已久的人的自我。

或許你需要親身體驗過才會知道。或許就像作家普魯塔克所說的，我們「透過文字得到的知識，並沒有透過（我們的）經驗得到的文字多」。

無論如何，我想以你讀過的這些內容的一個核心概念來為本書做一個總結。想要當一個更好的實業家、運動家、征服者，是值得讚許的。我們確實應該增長知識、讓自己過得更好……正如我在書中提到的，我們應該想要做更好的事。我知道自己確實如此。

然而，有些成就也一樣好：成為更好的人、成為更快樂的人、成為生活更平衡的人、成為知足的人、成為謙虛和無私的人。或者更好的是，具有所有這些特質。不過最顯而易見卻也最被忽略的是，個人的完善往往會導向專業的成功，可是專業的成功卻並未導向個人的完滿。我們要努力改善我們的習慣性思考，抑制破壞性的衝動，這不只是對正派人士的道德要求。這麼做還會讓我們更成功；引領我們度過因為個人野心所必須穿越的各種危險水域。而它們本身就是一種獎賞。

你已經來到這本關於自我的書的最後段落，從其他人的經驗或作者本人的經驗中，你已經看過自我所造成的各種問題。

那麼接下來呢？

接下來就是你的選擇了。看了這麼多，你打算怎麼做？不只是現在，還有以後要怎麼做？

在你生命中的每一天，你會發現自己身處三個階段之一：逐夢、成功、失敗。在每個階段裡，你會對抗自我，你也會犯錯。

每一天，每一分鐘，你都必須起身掃地。你必須不斷掃除蒙在自我上的灰塵。

接下來你應該讀什麼？

對大多數的人來說，參考書目很無趣。但是對我們這些喜歡閱讀的人來說，參考書目卻是整本書最棒的部分。身為嗜書者，我為讀者和同樣愛書的人準備了一份完整的指引，列出我研究「自我」的過程中所讀的每一本書和每一個資訊來源。我不只會告訴你哪一本書值得引用，還要告訴你我從中得到什麼，以及我強烈推薦你接下來要讀什麼。但是這麼做讓我因為樂在其中而失控了，我的出版社告訴我，我準備的份量太多塞不進書裡。所以我想要直接把資料寄給你——以可點選和可搜尋的形式。

如果你想要這些推薦書單，只要email到：EgoIsTheEnemy@gmail.com，或者瀏覽網站www.EgoIs TheEnemy/books。我會寄給你一份關於「自我」，我最愛的引述和評論，其中有很多我沒辦法放進這本書裡。

我能否得到更多推薦書單？

你也可以email報名參加我的每月推薦書單。現在收件人已經超過五萬人，都是像你這樣狂熱又好奇的讀者。每個月你會收到一封郵件，附上根據我個人閱讀所整理的推薦書單。一開始會列出我最愛的十本書。請寄到ryanholiday@ gmail.com，主題請打「Reading List E-mail」，或者加入ryanholiday.net/reading-newsletter。

篩選過的參考書目

Aristotle. trans. Terence Irwin. *Nicomachean Ethics*. Indianapolis, IN: Hackett Publishing, 1999.

Barlett, Donald L., and James B. Steele. *Howard Hughes: His Life and Madness*. London: Andre Deutsch, 2003.

Bly, Robert. *Iron John: A Book About Men.* Cambridge, MA: Da Capo, 2004.

Bolelli, Daniele. *On the Warrior's Path: Fighting, Philosophy, and Martial Arts Mythology*. Berkeley, CA: Frog, 2003.

Brady, Frank. *Citizen Welles: A Biography of Orson Welles*. New York: Scribner, 1988.

Brown, Peter H., and Pat H. Broeske. *Howard Hughes: The Untold Story*. Da Capo, 2004.

C., Chuck. *A New Pair of Glasses.* Irvine, CA: New-Look Publishing, 1984.

Chernow, Ron. *Titan: The Life of John D. Rockefeller, Sr.* New York: Vintage, 2004.

Cook, Blanche Wiesen. *Eleanor Roosevelt: The Defining Years.* New York: Penguin, 2000.

Coram, Robert. *Boyd: The Fighter Pilot Who Changed the Art of War.* Boston: Little, Brown, 2002.

Cray, Ed. *General of the Army: George C. Marshall, Soldier and Statesman.* New York: Cooper Square, 2000.

Csikszentmihalyi, Mihaly. *Creativity: Flow and the Psychology of Discovery and Invention.* New York: Harper Collins, 1996.

Emerson, Ralph Waldo. *Representative Men: Seven Lectures.* Cambridge, MA: Belknap Press of Harvard University Press, 1987.

Geneen, Harold. *Managing.* Garden City, NY: Doubleday, 1984.

Graham, Katharine. *Personal History.* New York: Knopf, 1997.

Grant, Ulysses S. *Personal Memoirs of U.S. Grant, Selected Letters 1839–1865.* New York: Library of America, 1990.

Halberstam, David. *The Education of a Coach.* New York: Hachette, 2006.

Henry, Philip, and J. C. Coulston. *The Life of Belisarius: The Last Great General of Rome.* Yardley, Penn.: Westholme, 2006.

Herodotus, trans. Aubrey De Se'lincourt, rev. John Marincola. *The Histories.* London: Penguin,

2003.

Hesiod, *Theogony* and *Works and Days* and Theognis, *Elegies.* Trans, Dorothea Wender. Harmondsworth, U.K.: Penguin, 1973.

Isaacson, Walter. *Benjamin Franklin: An American Life.* New York: Simon & Schuster, 2003.

Lamott, Anne. *Bird by Bird: Some Instructions on Writing and Life.* New York: Anchor, 1995.

Levin, Hillel. *Grand Delusions: The Cosmic Career of John DeLorean.* New York: Viking, 1983.

Liddell Hart, B. H. *Sherman: Soldier, Realist, American.* New York: Da Capo, 1993.

Malcolm X, and Alex Haley. *The Autobiography of Malcolm X.* New York: Ballantine, 1992.

Marcus Aurelius, trans. Gregory Hays. *Meditations.* New York: Modern Library, 2002.

Martial, trans. Craig A. Williams. *Epigrams.* Oxford: Oxford University Press, 2004.

McPhee, John. *A Sense of Where You Are: A Profile of Bill Bradley at Princeton.* New York: Farrar, Straus and Giroux, 1999.

McWilliams, Carey. *The Education of Carey McWilliams.* New York: Simon & Schuster, 1979.

Mosley, Leonard. *Marshall: Hero for Our Times.* New York: Hearst, 1982.

Muir, John. *Wilderness Essays.* Salt Lake City: Peregrine Smith, 1980.

Nixon by Nixon: In His Own Words. Directed by Peter W. Kunhardt. HBO documentary, 2014.

Orth, Maureen. "Angela's Assets." *Vanity Fair,* January 2015.

Packer, George. "The Quiet German." *New Yorker,* December 1, 2014.

Palahniuk, Chuck. *Fight Club.* New York: W. W. Norton, 1996.

Plutarch, trans. Ian Scott-Kilvert. *The Rise and Fall of Athens: Nine Greek Lives.* Harmondsworth, U.K: Penguin, 1960.

Pressfield, Steven. *Tides of War: A Novel of Alcibiades and the Peloponnesian War.* New York: Bantam, 2001.

Rampersad, Arnold. *Jackie Robinson: A Biography.* New York: Knopf, 1997.

01Riley, Pat. *The Winner Within: A Life Plan for Team Players.* New York: Putnam, 1993.

Roberts, Russ. *How Adam Smith Can Change Your Life.* New York: Portfolio / Penguin, 2015.

Schulberg, Budd. *What Makes Sammy Run?* New York: Vintage, 1993.

Sears, Stephen W. *George B. McClellan: The Young Napoleon.* New York: Ticknor & Fields, 1988.

Seneca, Lucius Annaeus, trans. C.D.N. Costa. *On the Shortness of Life.* New York: Penguin, 2005.

Shamrock, Frank. *Uncaged: My Life as a Champion MMA Fighter.* Chicago: Chicago Review Press, 2012.

Sheridan, Sam. *The Fighter's Mind: Inside the Mental Game.* New York: Atlantic Monthly, 2010.

Sherman, William T. *Memoirs of General W. T. Sherman.* New York: Literary Classics of the United States, 1990.

Smith, Adam. *The Theory of Moral Sentiments.* New York: Penguin, 2009.

Smith, Jean Edward. *Eisenhower: In War and Peace.* New York: Random House, 2012.

Stevenson, Robert Louis. *An Apology for Idlers.* London: Penguin, 2009.

Walsh, Bill. *The Score Takes Care of Itself: My Philosophy of Leadership.* New York: Portfolio / Penguin, 2009.

Washington, Booker T. *Up from Slavery.* New York: Dover, 1995.

Weatherford, J. *Genghis Khan and the Making of the Modern World.* New York: Three Rivers, 2005.

Wooden, John. *Coach Wooden's Leadership Game Plan for Success: 12 Lessons for Extraordinary Performance and Personal Excellence.* New York: McGraw-Hill Education, 2009.

致謝

在我之前的幾本著作中，我試著強調我要感謝的不只是對這本書有所幫助的人們和良師益友，我也清楚表示我深深感激過去這些年來我依靠和信賴的作家和思想家。沒有他們就不可能有這本書，而且對於讀者可能會將源於其他比我更有智慧的作家們的觀點和洞見歸功於我，我深感惶恐愧疚。書中的任何寶貴知識皆來自他們，而非我個人。

若沒有編輯尼爾斯・帕克（Nils Parker）和妮琪・帕帕多波若斯（Niki Papadopoulos）的重要建議和編輯，這本書就無法成形。史蒂芬・帕斯費爾德（Steven Pressfield）、湯姆・比利尤（Tom Bilyeu）、傑伊・羅斯（Joey Roth）提供令我銘感在心的重要意見。

我要謝謝我的另一半，她不只在我寫作本書的過程中給予我個人的支持，也是我最用心的讀者。我也要謝謝我的經紀人史蒂夫・漢斯蒙（Steve Hanselman），他自始至終都是我的代理人。感謝麥克・東尼（Michael Tunney）協助企畫提案，凱文・庫里（Kevin Currie）的支持，以及赫瑞斯托・瓦西列夫（Hristo Vassilev）優秀的研究和協助。還有新英格蘭愛國者隊的麥可・倫巴底（Mike Lombardi）所提供的幫助和觀點。此外，我虧欠提摩西・費里斯（Tim Ferriss）數不盡的謝意，他對於我上一本書的支持才讓這本書得以出版。還有羅伯・葛林（Robert Greene），他有助我成為一個作家；德魯醫師（Dr. Drew）則引介我接觸哲學。還要謝謝約翰・魯特洛（John Luttrell）和托拜斯・凱勒（Tobias Keller）在我處於American Apparel的混亂局勢中所提供的指引和對話。而若沒有「工作狂無名會」（Workaholics Anonymous），我不確定自己做得到，不論是在洛杉磯的面談或每週的電話訪談。

如果是以場域來說，德州大學奧斯汀分校的圖書館、加州大學河濱分校的圖書館，以及各種不同的跑步路線（和我的鞋子），還有像家一樣舒適的洛杉磯運動俱樂部（Los Angeles Athletic Club），都有助於本書的實際寫作。

最後，謝謝我的寵物山羊會太過了嗎？如果不會的話，那我要謝謝Biscuit、Bucket、Watermelon所帶給我的快樂。

國家圖書館出版品預行編目資料

最難對抗的就是你自己：如何控制自我、保持謙遜的26個心態管理法則 / 萊恩．霍利得（Ryan Holiday）著；羅雅涵 譯. -- 初版. -- 臺北市：商周出版, 城邦文化事業股份有限公司出版：英屬蓋曼群島商家庭傳媒股份有限公司城邦分公司發行, 2024.09
面； 公分
譯自：Ego is the enemy
ISBN 978-626-390-270-1（平裝）
1. CST: 成功法 2. CST: 自我實現 3. CST: 生活指導
177.2 113012573

線上版讀者回函卡

最難對抗的就是你自己

如何控制自我、保持謙遜的26個心態管理法則

原著書名／Ego is the Enemy
作者／萊恩．霍利得（Ryan Holiday）
責任編輯／林瑾俐

版權／吳亭儀、游晨瑋
行銷業務／林詩富、周丹蘋
總編輯／楊如玉
總經理／彭之琬
事業群總經理／黃淑貞
發行人／何飛鵬
法律顧問／元禾法律事務所 王子文律師
出版／商周出版
城邦文化事業股份有限公司
台北市南港區昆陽街16號4樓
電話：(02) 2500-7008 傳真：(02) 2500-7579
E-mail：bwp.service@cite.com.tw
發行／英屬蓋曼群島商家庭傳媒股份有限公司城邦分公司
台北市南港區昆陽街16號8樓
書虫客服服務專線：(02) 2500-7718．(02) 2500-7719
24小時傳眞服務：(02) 2500-1990．(02) 2500-1991
服務時間：週一至週五09:30-12:00．13:30-17:00
劃撥帳號：19863813 戶名：書虫股份有限公司
讀者服務信箱E-mail：service@readingclub.com.tw
城邦讀書花園 網址：www.cite.com.tw
香港發行所／城邦（香港）出版集團有限公司
香港九龍土瓜灣土瓜灣道86號順聯工業大廈6樓A室
電話：(852) 2508-6231 傳眞：(852) 2578-9337
E-mail：hkcite@biznetvigator.com
馬新發行所／城邦（馬新）出版集團 Cité (M) Sdn. Bhd.
41, Jalan Radin Anum, Bandar Baru Sri Petaling,
57000 Kuala Lumpur, Malaysia
電話：(603) 9057-8822 傳眞：(603) 9057-6622

封面設計／周家瑤
內文排版／新鑫電腦排版工作室
印刷／韋懋實業有限公司
經銷商／聯合發行股份有限公司
電話：(02) 2917-8022 傳眞：(02) 2911-0053
地址：新北市231新店區寶橋路235巷6弄6號2樓

■2024年9月初版
定價 450 元

Printed in Taiwan
城邦讀書花園
www.cite.com.tw

ISBN 9786263902701
EISBN 9786263902725（EPUB）